Sexual-Lehre

Otoman Hanish – W. Omar

Sonderausgabe Nr.: 17

Mein Dank geht an Peter Windsheimer für das Design sämtlicher Bilder.

Für Schäden, die durch falsches Herangehen an die Übungen an Körper, Seele und Geist entstehen könnten, übernehmen Verlag und Autor keine Haftung.

Herausgegeben von Christof Uiberreiter Verlag
Waltrop, Germany

© 2019 Hanish, Otoman Z. A.
Herstellung und Verlag:
BoD – Books on Demand, Norderstedt
ISBN: 9783734772818

Einleitung:

In diesem sexual-magischen Werk geht es nicht um Liebespraktiken, sondern, und das ist der Hauptgrund für unsere erneute Veröffentlichung, um die dafür notwendige Reinheit, Keuschheit und dreifache Sittlichkeit, wie wir es bis jetzt in keinem anderen Werk so detailliert vorgefunden haben. Der Autor berichtet ausführlich von der Beherrschung der Gedanken- und Gefühlswelt, der Selbstkontrolle und der Selbstzucht, ohne die eine sexual-magische Betätigung kaum möglich, ja sogar unmöglich ist. Er schreibt in rein hermetische Sinne von einer Körperschulung die im Gesang, im Ton der Lieder, in der Pflege und der Diätetik ihren Höhepunkt findet und beschreibt von der daraus resultierenden Schönheit der moralischen Vereinigung mit einem Partner oder einer Partnerin im religiösen Aspekt sämtlicher Religionen. Unterstützt wird dieses hervorragende Buch durch unzählige symbolische Bilder, die auf die magisch-mystischen Zusammenhänge der Runen exakt hinweisen. Somit bildet dieses universelle Werk eine Einführung in die moralisch-ethischen Normen der reinen und schönen Magie der Liebenden.

Sehet, welch ein Mensch! – Der Kreis mit dem Kreuz symbolisiert das elektromagnetische Prinzip in Verbindung mit der Gottheit.

Ich widme es –
dem Schöpfer Ahura Mazda, dem Glänzendsten und
Hoheitsvollsten, dem Größten und Besten, dem
Schönsten und Beharrlichsten, dem Weisesten und
Wohlgestaltetsten und an Reinheit Höchsten, des Ab-
sichten die besten sind, der uns geschaffen, der uns
gebildet hat und der uns seinen Beistand leiht –
Ihm, dem Heiligen Geist!
(Avesta, Yasna I, I.)

Und wer dürstet, der komme.
Wer will, der nehme
Das Wasser des Lebens umsonst.
(Off. Joh. 22. 17.)

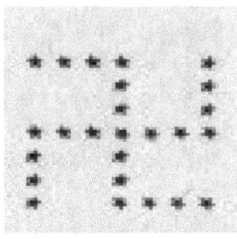

**Die Gibor-Rune – rechtslaufend – symbolisiert den Rhythmus
des vierpoligen Lebens.**

Vorwort:

Liebe Freunde!

Unsere Veröffentlichungen stehen auf dem Felsengrunde der zarathuschtrischen Lebenslehre. Frei von der babylonischen Geistesverwirrung unserer Epoche stellt diese Lehre die Harmonie zwischen Schöpfer und Geschöpf her. Nicht durch Dogmen und starre Glaubensformeln, sondern durch allumfassende, universelle Lebenskunst, durch die der Mensch, den Zwiespalt in sich überwindend, die Einheit und Harmonie zwischen Leib und Seele herstellt und mit dem Geiste des Ewigen verbunden, den unzerstörbaren Frieden findet.

Alles Unangenehme, all das, was uns Leid verursacht, führt der Zarathuschtrismus auf den Trug, den Irrtum zurück, der zu widernatürlichem Wandel verleitend, den im innernsten Wesen guten, von Gott geleiteten arischen Menschen von seiner Aufgabe abbrachte und ihn in einen Zustand der Verwirrung und des Widerstreites versetzte, in dem er nimmer glücklich werden kann.

Inmitten dieser durch Verletzung der Naturgesetze geschaffenen Missstände hat die weiße Rasse unsägliche Leiden durchzumachen, bis der Mensch, sich vom Trug befreiend, wie im goldenen Zeitalter der Paradiesesseligkeit wieder mit Gott Hand in Hand wandelt, indem er die Lebensgesetze zum Fundament all seiner Handlungen macht.

Nie noch wurden uns die Folgen der Übertretung der Naturgesetze in einem so gigantischen Drama vor Augen geführt, als heute. So weh der Anblick der Leiden des Einzelnen und der Gesamtheit unserem Herzen auch tut, so bringen sie doch das Gute mit sich, dass die Menschen durch sie nachzudenken, zu überlegen gezwungen werden, wie einfacher und ökonomischer zu leben sei, wie die ins Unermessliche vermehrten Krankheiten rasch und gründlich geheilt werden könnten. Und es freut uns zu sehen, dass sie dadurch auf die Naturheilung kommen, auf die Heilung vermöge des Bewusstwerdens der eigenen Natur und durch deren Einfügung in den Rahmen der Schöpfung. Das ist nichts Anderes, als ein von unsichtbaren Händen erzwungenes Zurückgreifen auf die uralten Heilmethoden der Vorväter, es ist ein Pilgern zu ihrer Quelle, dem Zarathuschtrismus.

Während unter dem Einfluss zarathuschtrischer Sendboten die Idee der

7

naturgemäßen Gesundheitspflege und Heilweise seit einem Jahrhundert immer weitere Kreise interessierte und die Überzeugung zum Allgemeingut werden ließ, dass der Mensch, sich der Natur anzupassen habe um gesund zu werden und gesund zu bleiben, sind heute selbst freie Geister von dem Banne mittelalterlicher Prüderie noch so sehr angekränkelt, dass sie es nicht wagen, das Gebiet des Sexuallebens mit aller Offenheit zu behandeln.

Es ist heute ein geheimnisvoller, doch lockender Irrgarten, dessen Kenntnis zwar viele zu besitzen behaupten, in dem sich indessen auch die größten Autoritäten noch nicht zurechtfanden. Darum auch mangelt einerseits nicht eine mit Gier gelesene Aufklärungs-Literatur, von Leuten verfasst, die nur darauf auszugehen scheinen, die Sinne des Publikums zu kitzeln und jene Triebe, die der Mensch intuitiv als sündhaft empfindet und deren er sich schämt, als natürlich zu erklären. Die geheime und nicht geheime Roman- und Pornoliteratur in Verbindung mit der das Gemeine verhimmelnden Pseudo-Kunst infiziert die Hirne eines geistig unentwickelten Geschlechtes auf eine Weise, die sogar die Grundlage der Gesellschaft, die Familie untergräbt und einen Zustand der Zügellosigkeit als ideal erscheinen lassen will, der den Ruin der Rasse herbeiführen muss. Auf der anderen Seite wuchert die Giftpflanze einer sich wissenschaftlich gebärdenden Geheimmittelindustrie und mit ihr in Verbindung haust eine Klasse von Krankenheilern, die das geheimnisvolle Gebiet entweder zur Schröpfung des unwissenden Publikums oder zur Erlangung von Ruhm durch phantastische Experimente ausbeuten.

Die sexuelle Frage ist im Grunde die eigentliche Lebensfrage, sowohl des Einzelnen, als der ganzen reinen Rasse. Jede Bestrebung zur Hebung und Veredelung des Volkes muss darum auf der sexuellen Lebenskunst begründet sein.

Die Geschichte lehrt uns, dass Zügellosigkeit den Zerfall der mächtigsten Reiche verschuldete. Und diese Lehrmeisterin widerlegt auch jene kurzsichtigen Staatsmänner, die von einer Geschlechtshygiene Entvölkerung befürchten, obwohl es feststeht, dass gerade Völker mit zur Gewohnheit gewordenem Geschlechtsmissbrauch nicht daran verhindert werden können, alle nur erdenklichen Mittel anzuwenden, um Nachkommenschaft zu vermeiden, und es gleichfalls sicher ist, dass enthaltsame Eltern schon infolge Schonung der lebenswichtigsten Organe nicht nur lebensfähigere, sondern auch intelligentere Kinder erzielen. Man beachte die ungeheure Zahl der Fehlgeburten in Deutschland, über die die

8

Statistik berichtet und zu welcher die der Missgeburten, die Masse der Minderwertigen, in einem gewissen Verhältnis steht. Was den Wert der sexuellen Mäßigkeit anbetrifft, so könnten auch die Erfahrungen der Tierzüchter bestätigen, dass diese rassenveredelnden Einfluss hat. Auch die Eltern werden einen ungleich höheren Altersdurchschnitt in besserer gesundheitlicher und geistiger Verfassung erreichen, also vom volkswirtschaftlichen Standpunkt aus ihrem Volke länger nützlich sein können.

Es ist darum kein Zweifel darüber möglich, dass jene Staatsmänner, die unsere Sexuallehre einem ernsten Studium unterziehen, entschiedene Gegner der heutigen Auffassung über dieses Gebiet werden müssen, wenn ihr Sinnen und Trachten darauf gerichtet ist, den Ruin der reinen Rasse infolge noch weiter zunehmender Minderwertigkeit zu verhindern.

Neben den Anleitungen, die wir in diesem Werke geben, das der persönlichen Regeneration gewidmet ist, sind die Grundsätze der Eugenik, der vorgeburtlichen Erziehung, die wir hier nur andeuten können und einem späteren Werke vorbehalten müssen, bestimmt, in absehbarer Zeit wieder Gemeingut zu werden. Dieses bescheidene Werk, das für fortgeschrittene Schüler bestimmt ist, beansprucht nichts weiter, als ein praktischer und solider Baustein zu sein an dem großen Fundament zur Wiederaufrichtung einer wahrhaft menschenwürdigen Epoche auf dem Wege der Selbstkultur.

Es ist keineswegs unsere Absicht, mit diesem Werke als Neuerer erscheinen zu wollen, oder gar als Prätendent in irgendeiner Hinsicht, doch ist es selbstverständlich, dass wir dadurch in die vielfach infolge missverstandener oder misszuverstehender Übermittlung nicht nach Gebühr gewürdigten zarathuschtrischen Lehren Klarheit zu bringen bestrebt waren. Als treuer Weggenosse unseres Meisters, Dr. Otoman Zar Adusht Hanish, von ihm fortgesetzt dazu ermuntert, erfüllen wir damit einfach unsere Pflicht. Jene Pflicht, die jeglicher auf seine Weise erfüllen muss, der von der hohen Verantwortlichkeit durchdrungen ist, die jedermann hat, der die Segnungen der durch den Meister wieder erneuerten Väterlehre am eigenen Leibe erfahren durfte. Wir bieten unseren Freunden auch in diesem Werk einen treuen Berater, der sie, wie wir gerne hoffen, ebenso vorwärts bringen wird, wie die vorausgegangenen Werke. Es schien uns von Wichtigkeit, in unsere Darlegungen aus unserem unerschöpflichen Arsenal zahlreiche Zitate einzuflechten und wir hegen die Überzeugung, dass diese dem Werke einen ganz besonderen Wert verleihen.

Zürich, Anfang 1919.

ERSTER ABSCHNITT:

Das Ankh ist eine Runen-Stellung, und stellt den Schlüssel zum ersten Abschnitt dar:

DER SCHLÜSSEL:

Ein neuer
Geist weht durch
die Auen, der Sonne Glanz
klärt mir den Blick – ich sehe freudig:
mein Vertrauen, es söhnte aus ein mild Geschick!

1. Und doch hört noch vom fernen Tal, mein Ohr der sehnend Menschen Qual:

Schöne Welt, wo bist du? Kehre wieder,
Holdes Blütenalter der Natur!
Am, nur in dem Feenland der Lieder
Lebt noch deine fabelhafte Spur.
Ausgestorben trauert das Gefilde,
Keine Gottheit zeigt sich meinem Blick,
Am, von jenem lebenswarmem Bilde
Blieb der Schatten nur zurück! (Schiller)

Freund, längst wär der Kummer dein entschwunden, wenn auch du dich ihm verbunden, dem sanften Herrn der Geisteskraft – der hätt′ dein Leid dahingerafft! „Denn das Geschöpf, das falsch lebt, wird früh zerstört. Unfruchtbarkeit, kümmerliches Dasein, frühzeitiges Verfallen, das sind die Flüche, die Kennzeichen der Strenge der Natur." (Goethe) Durch sein sinnloses Leben zerstört es sich selber, indem es den Gesetzen zuwiderhandelt, die seine Existenz bewirkten und aufrecht erhalten, verletzt es sich an dem zweischeidigen Schwert der Hüter der seinem Heile dienenden Ordnung.

2. Der Mensch, der heraus will aus den von ihm als menschenunwürdig erkannten Verhältnissen, die den Gegenpol des Himmels darstellen, wird vergeblich versuchen, gegen unleidliche Zustände anzukämpfen – niemals wird er durch Kampf eine Besserung erreichen. Kämpfte er dagegen an, so würden sie nur noch peinlicher und schrecklicher. Niemandes Gewalt vermag die Gesetze um ein Jota zu ändern.

3. Soll sich alles zum Besseren wandeln, so muss er die rechte Stellung zur Natur einnehmen, jene Stellung, zu der er von Uranfang berufen ist. Und diese Stellung ist eine hohe, eine fürstliche. Wie die reinen Vorväter der alten Zeit muss er wirken. Und, wie die seiner Obhut und Fürsorge anvertraute Erde, wird auch er alsdann wieder in den Urzustand paradisischen Friedens gelangen. Der Sündenfall erfolgte, als der Mensch, den Grund und Boden der Gesetze der Mutter Erde verlassend, sich zum Tyrannen der Natur aufwarf, und ohne Rücksicht auf Recht und Gesetz schaltend, sich die Empörung und Feindschaft der Geschöpfe des Lichts zuzog, deren Beschützer er hätte sein sollen und die durch sein frevelhaftes, törichtes Handeln in unsagbare Not gerieten.

4. Es ist ein trauriges Erbe, das der erkennende Mensch antritt, eine beschämende Situation, in der er sich vorfindet. In sich selber belastet mit der tyrannischen Willkür der ererbten Zellenwelt seiner Vorfahren, hat er einen schweren Kampf in seinem Herzen auszufechten, um all den Dünkel der Selbstherrlichkeit zu überwinden, der in seinem Blute steckt. In zwei Lager findet sich der erkennende Mensch im Inneren gespalten, im einen haust der teuflische Trieb der Materie: Überhebung, Eitelkeit, Gewalttätigkeit, des Frevels Verursacher, im anderen wohnt der göttliche Geist der Einsicht, des Wohlwollens der Liebe und des Friedens .

5. Gleich dem neugebornen Christuskind, dem neuen Geiste inmitten des abtrünnigen Volkes, ist der erlösende Gedanke im erwachsenden Menschen von zartem Wesen. Und hier wie dort zeigt der alte Geist das Bestreben, den neuen zu unterdrücken. Darum muss der Strebende den erlösenden Gedanken in sich als höchstes Erdengut schützen und ihm mit Beharrlichkeit und Treue zu Geltung und Herrschaft verhelfen. Dieser Triumph über die Materie ist nur durch Weisheit zu erringen, denn er beruht, wie wir erkannten, nicht auf dem Sieg der Gewalt, sondern auf dem

Sieg über die Gewalt, indem das Niedere in uns zur freiwilligen Anerkennung des Höheren gebracht wird. Diese freiwillige Unterordnung und Einfügung der Materie unter das Regiment des Geistigen nur vermag die Erlösung dieses Körpers zu bewirken, die zweite, die Wiedergeburt.

6. Mit allen erdenklichen Trugschlüssen sucht uns die beschränkte Intelligenz der Materie zu beirren und zu verwirren, indem sie uns immerfort einflüstert, die heutigen Verhältnisse wären eben nicht zu ändern. Voltaire kennzeichnet uns ihren Gedankengang mit wenigen Worten: Wir fragen euch, ob es fühlbare Übel gibt, und wenn ja, woher sie kommen? In der Epistel über „Alles ist gute" sagt Pope: Es gibt keine Übel, oder, wenn es Teilübel gibt, so setzt sich aus ihnen im Endresultat das Allgemeinwohl, zusammen: Ein seltsames Allgemeinwohl, das sich aus Blasensteinen, Gichtknoten, allen Verbrechen, allen Leiden, dem Tod und der Verdammnis zusammensetzt! Der Sündenfall des Menschen ist die Ursache, die wir allen einzelnen Krankheiten des Leibes und der Seele welche ihr die allgemeine Gesundheit nennt, zugrunde legen.

7. Diese Überzeugung teilend lasst uns über alle Anfechtungen siegen! Bedenken wir stets und immer: Es gab schönre Zeiten als die unsren, das ist nicht zu streiten, und ein edler Volk hat einst gelebt! Könnte die Geschichte davon schweigen, tausend Steine würden redend zeugen! Nach diesem ruhmvollen Zustand der Vergangenheit unsrer gottähnlichen arischen Voreltern lasst uns streben. Von ihm künden nicht nur Steine – unzählige Einrichtungen im Menschenleibe legen Zeugenschaft ab von einer einmal bestandenen Blütezeit. Phönix gleich wird die Fülle der damals bestandenen, heute verschütteten Fähigkeiten macht- und glanzvoll uns schon an dem Tage aufs Neue werden, da der Geist in uns zum Siege gelangt.

8. Lasst uns niemals mit der Vergangenheit hadern, lasst uns nicht jammern und wehklagen um das verlorene Paradies – lasst uns vielmehr alle unsere Gedanken und Kräfte, aus der Vergangenheit lernend, auf das große Ziel der Restauration, auf die Wiederherstellung richten! Lasst uns unsere richtige Stellung zur Natur finden, um des Schutzes ihrer Kräfte teilhaft zu werden. Jene Leute, die sich nicht redlich mühen, den Ausweg zu gehen, haben kein Recht zu klagen. Denn der Mensch schafft alle ihm widrigen Verhältnisse dadurch selber, dass er in dem Zustand beharrt, in dem er in diese Welt getreten ist, in der Meinung, er könne sein Ziel in diesem seinem gegenwärtigen Zustande erreichen. Dieses Ringen nach dem neuen Zustand durch gesetzestreuen Lebenswandel hat uns auch Rabbi Jesus als einzigen

Schlüssel zum ersehnten Reiche der Glückseligkeit bezeichnet, in das nur wahre Christen, wirklich vom Banne der Materie Erlöste, eingehen können.

9. Lasst uns immerdar des Heilandswortes eingedenk sein: Wahrlich, wer nicht von Neuem geboren wird, der kann das Reich Gottes nicht sehen! Bis zu diesem Zeitpunkt ist es undenkbar, von allen Übeln erlöst zu werden, auch der größte Glaube kann nicht helfen. Obgleich der Glaube selige Minuten schaffen kann, und vieles überwinden hilft, ändert er die unleidlichen Zustände nicht. Zwar können wir durch ihn, die herrlichste Fata Morgana vor unsere Augen zaubernd, unvergessliche Erlebnisse haben, doch, berührt uns nach dem Erwachen aus seiner faszinierenden Macht die nackte Wirklichkeit nur noch peinlicher. Und wir kommen schließlich zu der Überzeugung, es wäre klüger gewesen, die rasch entfliehende Zeit nutzend uns zu bemühen, auch nur einen Schritt dem Ziele näher zu rücken, bevor die Lebensuhr abläuft.

10. Alles Schaffen und Streben hat für den Menschen nur Wert, wenn es ihn dem Ziele seiner innigsten Sehnsüchte näher bringt. Und so wollen wir in Zukunft alle unsere Tätigkeit nur nach diesem Prinzip einrichten. Der Erwerb irdischer Güter mag fernerhin nicht mehr geschehen, um uns dieses Leben fristen zu lassen, sondern um uns jene Mittel in die Hand zu geben, die unumgänglich notwendig sind zur Erreichung des großen Lebenszieles, des verheißenen Landes. Und dieses Kanaan, nach dem zu streben unsere Lebensaufgabe ist, es ist nicht am anderen Ende der Welt, sondern es liegt in uns, in unserem eigenen Körper. Ist der nicht zum Paradiese geworden, herrschen die Friedensschwingungen des Himmelreiches nicht in ihm, ist er erfüllt von Qual und Pein, so nutzen uns auch die begehrtesten Erdengüter nichts. Der Mensch kann sich selber nicht entrinnen, und wanderte er bis ans Ende der Welt.

11. Wer seinem Streben diese Überzeugung zur Grundlage gibt, der wird alle Hindernisse überwinden. Alle Welt wird er mit seinen Erfolgen in Erstaunen versetzen. Denn selbst im hohen Alter ist die Harmonie auf dem Wege der Neugeburt des Leibes möglich, wenn der Strebende im rechten Geiste klug vorgeht. Wenn uns da ein Glaube leiten soll, so sei´s der Glaube an das Leben, die heilige Überzeugung, dass Mutter Natur weitherzig ist im Vergeben der Übertretungssünden, und dass sie ihrem aufrichtigen Gemüts schaffenden Menschenkinde alle zu seiner Erlösung nötigen Kräfte bereitwilligst zur Verfügung hält.

12. Drum mag keine Besorgnis mehr Raum haben in unserem Wesen. Beruhige dich, o Herz, denn Vergebung ist eine der herrlichsten

Eigenschaften deiner Mutter Natur! Bald wird deinem Kummer ein Ziel gesetzt sein! Bald wirst du den Blumenodem des gelobten Landes zu schmecken bekommen! Ja, freuet euch und frohlocket, Freunde, denn bald werdet ihr die Nebelschleier der Nacht mit ihren Myriaden von Irrlichtern ins Nichts versinken sehen und im Morgenlicht des Neuen Tages, eures zweiten Geburtstages, werdet ihr den Schlüssel zu den Toren des Heiles finden – er liegt in eurer eigenen Hand!

13. Nun gilt es, die Augen offen zu halten und den Blick unbeirrt aufs Ziel zu richten. Denn keinem fehlen die Augen, ihn auf den rechten Weg zu leiten als dem, der sie zudrückt und sie nicht gebrauchen will! (Shakespeare) In diesem Elementarstadium der Entwicklung wirst du lernen, die Freiheit über alles zu stellen, in dem Sinne, dass du die Lebensrechte auch der geringsten Geschöpfe achtest. Du wirst endlich deinen Nächsten lieben, wie dich selbst. Du wirst dich wieder einfügen und einpassen in die Harmonie jener Weltorganisation, aus der du dich selber ausschlossest durch Missachtung und Verletzung ihrer Gesetze. Und je weiser du dies vollführst, umso besser wird es dir ergehen auf Erden.

14. Zwar wird es Mühe kosten, die Wildheit in dir zu überwinden und wieder zur Sanftmut, zur ersten Liebe zu gelangen, zur reinen Menschlichkeit! Die Pforte ist breit, und der Weg ist bequem, der ins Verderben geht – aber die Pforte ist eng und der Weg ist schmal, der zum Leben führt. Dieser schmale Weg ist von jenen Lebensgesetzen vorgezeichnet, über die sich auch der Wildeste nicht ungestraft hinwegsetzen kann, von jenen Gesetzen, die auch der geringsten Kreatur ihr Heil gewährleisten. Denn ich sage Euch, bis dass Himmel und Erde vergangen sind; wird kein Jota, noch ein einziges Strichlein vom Gesetz vergehen. Wer nur eines der kleinsten Gesetze missachtet, der wird klein heißen, wer aber das Gesetz betreut und es lehrt, der wird groß sein im Himmelreich. (Bergpredigt) Und diese Größe äußert sich in hervorragender Gesundheit, in der die jedem zur Verfügung stehende Geisteskraft zur vollen Geltung kommen kann, die uns die Achtung der Umwelt bringt.

15. Der Dichter der Psalmen bekennt: Ewig steht dein Wort, Herr, fest im Himmel – von Geschlecht zu Geschlecht beharrt deine Wahrheit! Du hast die Erde begründet und sie steht, ja, nach deinen Ordnungen steht sie noch heute. Wäre dein Gesetz nicht mein Vergnügen gewesen, so wäre ich vergangen, durch dieses hast du mich belebt. Darum liebe ich deine Gesetze mehr als Gold – darum lobe ich mir alle deine Gebote.

16. Doch bedenke nochmals: Niemand andrer kann deine Erlösung

vollbringen – du musst sie selber bewerkstelligen. Dazu bedarfst du nicht nur des Glaubens, sondern auch der Tat. Was hilft es, wenn jemand sagt, er habe Glauben, wenn er dabei keine Werke tut? Kann ihn der Glaube retten? (Jakobus) Da der Gedanke mangels der Kraft nicht wirken kann, hat auch der Glaube an die herrliche Lehre Christi nur jene zu befreien vermocht, die ihm gleich die Gesetze der Natur achteten, denen er selber seine Entwicklungsstufe zuschrieb, Wenn du nicht recht vorankommst, so bedenke stets den Grund dafür, immer ist´s der nämliche: Dein Eifer war größer, als die Bereitschaft der Intelligenzen in dieser Phase deiner Entwicklung. (Zaraduscht)

17. Beachte die Gesetze, gleichwie unsere edlen Erlöservorbilder sie absolut betreuten, und dieser Schlüssel wird dir alle Himmel erschließen. Leicht wirst du manche liebgewonnene Angewohnheit aufgeben, ja, wie einer schweren Last wirst du dich ihrer leichten Herzens entledigen und gern einen anderen Wandel führen als Jene, die steuerlos dahintreiben im Strome des Zufalls. Bewusst zu leben, das ist das Opfer, das von dir gefordert wird. Drum

> Säume nicht, dich zu erdreisten,
> Wenn die Menge zaudernd schweift,
> Alles kann der Edle leisten,
> Der versteht, und rasch ergreift! (Schiller)

*

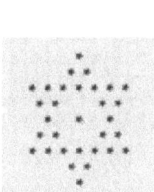

Hexagramm oder die Hagal-Rune.

ZWEITER ABSCHNITT

Das Herz, der Akasha-Mittelpunkt:

DIE ERLÖSER:

Eines Menschen kurzes
Leben, einz´gen Herzens heil´ges
Streben, kann Millionen Freiheit geben!

1. Die Erlöser zeigten uns, wie das Himmelreich, das selige Leben im verlorenen Erdenparadiese, wieder errungen werden kann. Nichts weiter war ihr Streben, als durch vorbildlichen Wandel, durch persönliche Demonstration die rechte Lebenskunst im Sinne Gottes und der Natur zu lehren. Von ihren Lehren sind uns nur Bruchstücke überliefert, die kümmerlichen Ruinen herrlicher Bauwerke gleichen. Unsere Zeit streitet sich über die Trümmer, es fehlt ihr zur Rekonstruktion der klare Blick, das zeigen die vielen Versuche ihrer Wiederaufrichtung durch tausende im Herzen wohlgesinnte Menschen, die restlos mit ihrem auf Glauben an den von ihnen behüteten Bruchteil der Lehren basierten Versuchen scheiterten, Die tausend Sekten, deren jegliche sich als im Besitz der echten, der wahren Religion befindlich geriert, deren keine indessen auch nur einen Schritt dem Erdenparadiese näher gelangen konnte, bieten mit ihren aus Theorien und Phantasterien gebildeten höchst wunderlichen Luftschlössern ein erstaunendes Bild der Unorientiertheit über die elementarsten Fundamente der Religion.
2. Wenden wir unsere Blicke in die tiefsten Fernen der bis heute bekannten Menschheitsgeschichte, in die Zeit, die zehntausend Jahre vor Christi Auftreten zurückliegt, so finden wir im Iran die ersten Spuren jener Religion, als deren Erneuerer spätere Religionsstifter auftraten, die restlos

betonten, das Ziel ihres Wirkens sei, die alten Lebensgebote, die Religion der Urväter, endlich zu erfüllen, um durch die Geltendmachung ihrer Gesetze der sich selber zerfleischenden Menschheit den Frieden des Erdenparadieses wiederzugeben. Alle Männer, deren Lebenszweck die Erlösung war, die verschiedenen Friedefürsten, Moses, Jesus, Buddha und Mohammed, bekundeten von sich, nicht als Neuerer, sondern als Wiederhersteller zu kommen. Und sowohl das vergleichende Studium als die Geschichtsforschung bestätigen uns die Einheit ihrer Lehren. Sie stammen aus einer Quelle, wie dies Salomo ausdrückt: Die Worte der Weisen sind wie Stacheln und Nägel einzuprägen, als Hauptpunkte der Sammlungen, welche von einem einzigen Hirten (Führer) gegeben sind.

3. Wie auch der berühmte Kirchenvater St. Augustinus sagt: Was wir heute christliche Religion nennen, bestand schon bei den Alten und lebte seit dem Entstehen der Menschheit, bis Christus im Fleische erschien. Von dieser Zeit an wurde die wahre Religion, die immer bestand, Christentum benannt. Diese Religion ist die iranische, arianische, mazdayasnische oder Geber-Religion, jene Lehre, die vor neuntausend Jahren nach Spitama Zarathuschtra die zarathuschtrische benannt war. Letzterer selbst gibt an, dass er die Lehre seiner Vorgängerin Ainyahita (Aredwi Anaita Maria) wiederherstellte, die als Ausgangspunkt der Universalreligion der reinen Rasse anzusehen ist. Das Zend-Avesta, die Sammlung der Grundlehren Zarathuschtras, von der unserer Zeit ein Bruchstück bekannt ist, bestätigt die Einheit der alten und christlichen Lehre in unwiderleglicher Weise.

4. Ohne Schlüssel, die vor jedem Kapitel aufgezeichnet sind, bleiben die Lehren der Erlöser praktisch unbrauchbar und ohne den ist es undenkbar, sich eine richtige Auffassung von ihnen zu machen. Denn wie Scheffel sagt: Nichts gibt ein falscher Bild von Menschen, als nach ihnen an denselben Ort zu kommen, wo sie einst gewirkt, vereinzelte Reste ihrer Tätigkeit sehen und aus dem Gerede der Zurückgebliebenen sich eine Vorstellung der Weggegangenen zu machen. Und wie Jacob Böhme betont: Man sagt, das aufgeschriebene Wort sei Christi Stimme: ein Gehäuse ist's nur, aber eine Stimme muss lebendig sein, wie ein Uhrwerk einer Feder, eine Posaune eines Halles bedarf, um lebendig zu wirken. Wir hören vom wunderbaren Wirken Christi erzählen, jedoch nutzt uns das gar nichts. Würde uns der Glaube an das Wirken eines Uhrwerks dessen Dienste verschaffen können, der Glaube an das Himmelreich das Paradies auf Erden, so wären wir alle bereits längst Engel geworden. Wenn wir heute trotz aller technischen Errungenschaften in einem Höllenzustand leben,

obwohl wir uns als gläubige Christen bezeichnen, so muss entweder diese Lehre falsch sein, oder aber die Auffassung, die wir von ihr haben.

5. Wir sind vom letzteren überzeugt, weil wir an die Echtheit Christi glauben. Die falsche Überlieferung, gleichviel wo und wie sie entstand ist schuld daran, dass wir heute einen als Christentum bezeichneten Trümmerhaufen vor uns finden. Und so geht es allen Suchern, denen die Grundlagen des Wirkens, die Maxime des Vollbringens der Erlöser fehlen, gleich: man kommt zum nämlichen Ergebnis, wie Goethe „nachdem ich etwas erfahren hatte, kam es mir vor, als ob ich gar nichts wisse, und ich hatte recht: denn es fehlte mir der Zusammenhang, und darauf kommt doch eigentlich alles an."

6. Und so manchen Wohlgesinnten, die ihre Aufrichtigkeit bewahrt haben, entringt sich der Ruf: Ich will den Heiland nicht beleidigen, aber er ist als Fremder ins Land gekommen. Ihr dient ihm in fremder Sprache, die verstehen wir nicht. Jeder ehrlich Strebende ist fest davon überzeugt, dass hinter anscheinend alltäglichen Ausdrücken des alten Schrifttums sich eine ganze Wissenschaft verbirgt, eine in Symbolen (Runen) sprechende Wissenschaft, deren Sinn heute missverstanden wird, weil man die Bedeutung der Worte falsch auffasst. Verschiedene Sprüche der Alten, die man sich öfters zu wiederholen pflegt, hatten eine ganz andere Bedeutung, als man ihnen in späteren Zeiten geben möchte.

7. Die alten Schulen hielten ihr Wissen aus guten Gründen geheim und teilten nur auserwählten Schülern den tiefen Sinn der Symbole (Runen) und Gleichnisse mit, jenen Leuten, die über Alles die Erkenntnis setzten, und wie jenem reichen Jüngling bei Jesu, blieb der Allgemeinheit der tiefere Einblick versagt, gemäss dem Worte: Den Reinen halt den Krug bereit, die heiter trinken dankbar und gescheit; schenk mäßig ein, verschweige es den Andern: schenk im Geheimen ein, und nur von Zeit zu Zeit! – Wenn mich die Guten oder Bösen fragen, so muss ein kurzer Spruch mein Wissen tragen: Ich darf den Ort nicht schildern, den ich weiß – und mein Geheimnis muss ich euch versagen. – Du musst es vor der Menge wohl verbergen, musst alles, was geheim und wahr, verbergen; gib acht, was du den kleinen Menschen sagst: Du musst das Wissen immerdar verbergen! – Dem Adler gleich hab ich das Licht erklommen, aus dieser Rätselwelt herauszukommen; doch konnt ich Keinem mein Geheimnis sagen – und leise schwebt ich fort, wie ich gekommen.

8. Auch Jesus befolgte diese Prinzipien bei der Übermittlung der alten Lehren mit größter Konsequenz: Warum redest du in Gleichnissen mit dem

Volke?, frugen die Jünger, und weiter heißt es: Er redete nur in Gleichnissen zu dem Volke. Und so ist auch das, was uns von seiner Lehre übermittelt wurde, Gleichnis, zu dem ein Schlüssel gehört. Jene Leute, denen das Suchen danach zu beschwerlich scheint, haben die bequeme Art, Erlöser für unnachahmliche, übernatürliche Phänomene zu erklären. Doch es heißt: Aus Ägypten habe ich meinen Sohn berufen! Aus dem verirrten Menschengeschlecht. Jesus war Mensch, wie wir alle, von Fleisch und Blut, den nämlichen Gesetzen unterworfen. Petrus schon hatte schwer zu ringen gegen die Tendenz Pauli, der selbst ohne Kenntnis des Schlüssels, Jesus nicht auch als Mensch von Fleisch und Blut gelten lassen wollte und dadurch einen Widerstreit der Meinungen beraufbeschwor, aus dem der mit dem römisch-heidnischen Hohepriestertum paktierende Paulus als Sieger hervorging. An diesem Sieg des Paulus, der kein eigentlicher Jünger war, da er erst nach Jesu Weggang von der Lehre vernahm, haben wir auch heute noch bitter zu leiden.

9. Denn ganz andere Verhältnisse würden herrschen, wenn die unverfälschte Lehre Jesu durchgedrungen wäre, deren Wesen aus Petri Worten klar wird: Durch das Leiden an seinem Fleisch hat Christus der Sünde ein Ziel gesetzt, auf dass die Menschheit der kommenden Zeiten im Fleisch nicht mehr den Lüsten der Menschen, sondern dem Willen Gottes lebe! Denn es ist genug, dass die vergangene Zeit zugebracht wurde nach heidnischem Willen, da man sich gehen ließ in Ausschweifungen und Lüsten. Das befremdet sie (die Gegner der Lehre), dass ihr nicht mitlaufet in demselben heillosen Schlamm und darum lästern sie. Christus wurde von den durch Pauli Irrlehren nicht infizierten Urchristen als ein lebendiges Exempel dafür angesehen, dass der Mensch aus dieser Degradation inmitten chaotischer Zustände zur Einheit mit Gott in sich gelangen, dass er den Leib zum Tempel des lebendigen Gottes wandeln könne, eben durch die Befolgung jener Gesetze, die der durch heiligen Wandel von allen Übeln erlöste und gegen sie bewehrte Meister ihnen vorlebte.

10. Wenn kurz nach seinem Weggang eine herrschsüchtige und skrupellose Hierarchie mit Weltbeherrschungszielen Paulus als Werkzeug gebrauchend, das Christentum zum bloßen Bekenntnis auf das Niveau der römischen Staatsreligion herabdrückte und statt der hohe Ansprüche an die Menschen stellenden Christuslehren mystisch-sophistische Spekulationen heiligte, so waren jene Menschen selbst schuld an den Folgen, die sich damit abspeisen ließen. Und darum hat auch heute keiner ein Recht, ob ihrer verderblichen Wirkung Gott anzuklagen, der dem Trug tätig oder durch Indolenz

Handlangerdienste leistet. „Bei Allah", entringt es sich Mohammed, „schon vor dir schickten wir Gesandte zu den Völkern, doch der Satan putzte ihre Werke aus und heute ist er ihrer Lehren Beschützer!

11. Der tapfere Luther hatte es nicht leicht, in diesem Urwald, der den hehren Bau Christi versteckt hält, eine kleine Lichtung zu schlagen. *Doch brachte uns seine Überzeugung, dass Jesu Lehren eine wesentlich andere Bedeutung haben, als man sie in seiner Zeit unterschob, trotz seiner beschränkten Erkenntnisfähigkeit und der daraus hervorgehenden Irrtümer, gewaltig vorwärts.* Wie Goethe sagt, „er arbeitete sich durch verjährte Vorurteile durch und schied das Göttliche vom Menschlichen, soviel ein Mensch scheiden kann, und was noch mehr war, er gab dem Herzen seine Freiheit wieder und machte es der Liebe fähiger." – „Es ist nicht zu leugnen," bekennt der gleiche Autor, „dass der Geist sich durch die Reformation zu befreien suchte, die Aufklärung über griechisches und römisches Altertum brachte den Wunsch, die Sehnsucht nach einem freieren, anständigeren und geschmackvolleren Leben hervor."

12. Unter den alten Erlösern oder Friedefürsten (Zarathuschtra) sind uns von Mohammed die deutlichsten Winke über die Einheit aller Erlöserlehren erhalten geblieben. Und wenn das Volk der Schrift (die Juden) die Religion geübt hätte, wahrlich, es wäre gut für es gewesen. Unter ihm finden sich zwar Gläubige, aber die Mehrzahl ist dem Frevel ergeben. – Und dem Moses gaben wir die Schrift und hießen ihm Gesandte nachfolgen, und wir gaben Jesus die deutlichen Zeichen. So oft euch aber ein Gesandter brachte, was euch nicht gefiel, wurdet ihr da nicht hoffärtig und ziehet ihr da nicht einen Teil von ihnen der Lüge und erschluget andere? – Und weiter: Wir glauben an Allah und an das, was durch Abraham, Ismael, Isaak und Jakob überbracht wurde was gegeben ward Moses, Jesus und den Propheten von ihrem Herrn und machen keinen Unterschied zwischen ihnen.

13. Wie sehr aber ist der tolerante und im wahren Sinne des Wortes katholische (universelle) Islam (= gehorsam gegen Gott und die Gesetze der Schöpfung!), der wenige Jahrhunderte nach Rabbi Jesus auftrat, um die in ein Stadium der Stagnation geratene Christuslehre wieder in Fluss zu bringen, von den um ihre Macht besorgten sogenannten Christen entstellt und bekämpft worden! Heute erst wird das wahre Streben und der Sinn der Lehre Mohammeds allmählich anerkannt und das hehre Bild seiner Persönlichkeit leuchtet wieder gleich dem Christi als heiliges Vorbild. Goethe sagt von ihm: In Mahomet verehren wir den Stifter persischer Dichtkunst und höherer Kultur. Er selbst, aus persischem Stamme, ließ sich

nicht etwa in die Beschränktheit der Araber hineinziehen. Wollten wir der Weisung, die er seinen Jüngern gab, beim Studium aller Erlöser folgen: Und übereile dich nicht mit dem Studium des Koran! Wenn dir eine Stelle nicht klar wird, so spreche: Herr, mehre mich an Einsicht, der Weg zum Heile würde gefunden und zahllose schmerzliche Irrungen, die der Aberglaube verursacht, blieben erspart!

14. Welches wären nun die Arbeiten, welche Hindernisse sind wegzuräumen, um zur Erlösung zu gelangen? In Herkules, einem Erlöservorbild der griechischen Mysterienschulen, haben wir einen klaren Hinweis auf die Arbeiten, die ein Erlöser zu vollbringen hat, auf jene Werke, die jeder, der den Titel „Christ" zu tragen beabsichtigt, nicht umgehen kann. Zwei Wege wurden dem heranreifenden Herkules gewiesen. Wem unter uns geschah nicht am Ende des Kindesalters ein Gleiches? Eine Stimme verhieß ihm alle frohen Genüsse einer sorgenlosen Jugendzeit, wenn er den Pfad des Eigensinns, der Lust, der Gelüste oder der Wollust wandeln wolle. Die andere ein kampfreiches und dornenvolles Dasein, wenn er den Pfad der Tugend wähle, jenen schmalen, gefahrvollen Steg, der zu Ruhm und Unsterblichkeit führt. Sein Heldensinn wählte den wenig lockenden Pfad der Tugend.

15. Wie uns überliefert wird, ließ sich Herkules, ehe er seine Reise in die *Unterwelt* antrat, in die Eleusynischen Mysterien des Wortes einweihen. Wir ersehen daraus, dass er jene Lebensgesetze kennenlernte, die dazu nötig sind, um das Ringen gegen die finsteren Mächte in den unteren Bezirken des Leibes und der Welt aufzunehmen. Als er das Orakel zu Delphi wegen seines Weges befragte, erhielt er zur Antwort: Zwölf Arbeiten müsse er vollbringen und wenn er diese bewältige, sei ihm die Unsterblichkeit bestimmt. Die Götterlehre der Griechen überliefert uns, dass die den Geboten der Reinheit gemäß lebenden Eltern des Herkules die Gesetze der vorgeburtlichen Erziehung bei der Zeugung walten ließen und als Resultat derselben sehen wir die von Natur aus hervorragende Kraft ihrer Frucht, die auf dem gediegenen, edelgestalteten Nervensystem beruhte, das er als Mitgift ins Leben bekam. Wie anders hätte auch seine Seele die Macht erlangen können, jene Herrschaft im Leib auszuüben, die zur Ausführung seines Selbsterlösungswerkes nötig war!

16. Die Arbeiten des Herkules sind die nämlichen, die jeder Held unter uns auszuführen hat. Im Jünglingsalter nahm er den Kampf mit dem Löwen auf, dem Raubtier, das die Herden seines Landes bedrohte, und wir verstehen darunter den Knechtet und Ausbeuter der willigen Intelligenzen

seines Leibes in ihm selber. Die Haut des Leuen konnte kein Pfeil durchdringen; mit Waffen lässt sich das wilde Tier in uns fürwahr nicht unschädlich machen. So musste er ihn denn mit eigner Hand erwürgen, ihm seinen Atem abschüren, und dieser Atem des wilden Tieres in uns ist der Bauchatem.

17. Die Legende berichtet, dass Herkules sich darauf aus dem Ölbaum eine Keule schnitzte, die fortan zu seiner sieghaften, unüberwindlichen Waffe wurde. Die Bezeichnung Ölbaum ist ein Symbol für jenen Organismus im Körper, der das Öl des Lebenslichtes erzeugt, für die Quelle der Lebenssäfte. Auch Rabbi Jesus weist in dem Gleichnis von den Jungfrauen auf dieses Öl hin.

18. Die lernäische Schlange deutet in ihrer Abstammung von einer schwarzäugigen, blühendwangigen Mutter, deren untere Partie ein Drachenleib war, auf ihre symbolisch gemeinte Natur hin. Diese Schlange hielt sich in einem Sumpfe auf. Unschwer ist darin das ererbte Blut zu erkennen, mit dem darin wirksamen Streben der Voreltern. Schlug ihr Herkules einen Kopf ab, so wuchs aus dem Blute ein neuer hervor und die Arbeit des Kampfes mit der Hydra war so schwierig, dass ihm ein Freund Beistand leisten musste. Doch ging Herkules aus diesem Streit nach schier übermenschlicher Ausdauer endlich als Sieger hervor.

19. Die Reinigung des Augiasstalles weist uns auf unsere Gedärme hin. Seit dreißig Jahren war der Stall, in dem sich dreitausend Rinder (milchartige Speisesäfte erzeugende Drüsenzentren) aufhielten, nicht mehr gereinigt worden. In wenigen Tagen sollte dies scheinbar unmögliche Werk vollbracht werden und es gelang unserem Recken an einem Tage, indem er einen Strom hindurchleitete, statt herumzuquacksalbern. Mit dem Lohn seiner Arbeit erneuerte er die olympischen Spiele, er konnte nach dieser inneren Reinigung, elastischer und leistungsfähiger denn je, zum Lehrer seines Volkes werden.

20. Den feuerschnaubenden kretischen Stier lebendig in seine Herrschaft zu bekommen, ward seine weitere Aufgabe. Das blindwütige, tierische Element der brutalen Kraft im Menschen ist damit versinnbildlicht. Gezähmt und an den Zügeln der Nerven geleitet, leistet es die besten Dienste. Die Bändigung dieser Kraft ist eine der wesentlichen Aufgaben der Selbsterlösung.

21. Die feuerspeienden Rosse, die sich von Menschenfleisch (das aus den Lebenssäften gebildet wird) nährten, mussten besiegt werden und noch andere Untiere des Leibes, bis die elfte der Aufgaben in Angriff genommen

werden konnte: das Ringen um die goldenen Äpfel der Hesperiden. Die drei Hesperiden, den drei Hirnpartien entsprechend, ließen ihren Schatz von einem Drachen (Dämon) bewachen. Auch diese kühne Tat war erfolggekrönt, und Herkules pflückte, nahe am Ziel, die goldene Frucht! Er kam zur Herrschaft über den köstlichen Schatz des Hirnes, der Zirbeldrüse, dem Sitz der Weisheit!

22. Doch die letzte der Arbeiten war für alle Erlöser die schwierigste: Hinabzusteigen galt es in die Unterwelt, den Höllenhund niederzuzwingen, über den Tod selbst zu obsiegen! Das Ziel fest vor Augen, im Besitze der goldenen Frucht von Weisheit geleitet, ward auch dieses letzte Hindernis überwunden.

23 Nach Überwindung des Todes wiedergeboren und erlöst, widmete sich Herkules fortan dem Wohle seiner Mitmenschen, ihm stand nach dem Sieg über sich selbst das herrlichste Schicksal, das Los eines Freiheitshelden und Friedefürsten offen.

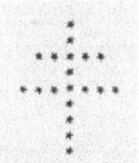

Der Baum des Lebens.

DRITTER ABSCHNITT

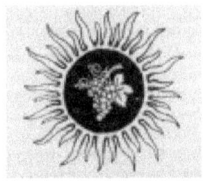

Die Trauben des göttlichen Rausches.

DER WEIN

Kennst du
nicht auch die Kunde
ewig alt, die von Geschlechtern zu
Geschlechtern hallt – dass einst aus einem
Klumpen Lehm der Schöpfer formt die menschliche Gestalt?

1. Und wahrlich, wir erschufen den Menschen aus reinstem Lehm, alsdann setzten wir ihn als Samentropfen in eine sichere Stätte, – nachher schufen wir den Tropfen zu Blut – und daraus schufen wir Fleisch, berichtet der Koran. Die ganze Erdenschöpfung war schon aus diesem Lehme geschaffen, der eine Feste, ein Extrakt aus jenem Chaos der Urmaterie war, das in der Genesis mit *Wasser* bezeichnet wird. Daraus organisierte die ordnende Intelligenz Pflanzen, Tiere und schließlich den Menschen. Durch ein Zauberwort, das in gewisser Weise eine Entwicklung von Stufe zu Stufe bedingte. Nach Beendigung der ersten Schöpfungsperiode, am ersten Tag der neuen Epoche, wird die höchstentwickelte Substanz weiter entfaltet dadurch, dass der schöpferische Geist in ihrem Organismus selbst Wohnung nimmt, wodurch das Gebäude Menschenleib zum Tempel des lebendigen Gottes wird, zum lebendigen Werkzeug in der Hand des Weltenmeisters.
2. Der durch die Nase in den Leib flutende Odem des Lebens wird nun zur Kraft, mit welcher der im Innersten wohnende Meister einen vollendeteren Bau aus dem vom Leibe herangeschafften Baumaterial zu errichten bestrebt ist, besonders aus dessen verfeinertem Endprodukt, den Lebenssäften, den

Lebenskeimen. Diese ergeben sich aus dem Zusammenwirken von Matarie (Wasser) und Geist (Urweisheit, Kraft, Licht, Leben) und je mehr Geist zur Verfügung steht, desto inniger wird die Materie durcharbeitet und veredelt, desto wertvoller, lebenskräftiger werden die Lebenskeime. Diese gehen in die Nahrungsatome des Organismus über, befruchten, erneuern und verjungen das ganze Leibesland mit dem darin wirkenden neuen Lebensmut und neuer Lebenskraft. War die Zahl der Jahre des Menschen vorher der Qualität des Baumaterials entsprechend beschränkt, so wird sie durch diesen Erneuerungsprozess unbegrenzte, in der Sprache der Orientalen erhält er Unsterblichkeit oder Ewiges Leben.

3. Das Blut als Verteiler eines großen Teiles der Lebenskeime galt als Träger des Lebens und darum auch wurde die Entwicklungsstufe, die Qualität oder der Adel eines Menschen nach dem Geblüt bestimmt. In der Sprache der alten Mysterienschulen wurde der rubinrote Wein, dessen Farbe der des Blutes gleicht, zum Symbol für das edle arische Blut erwählt. Doch wohlgemerkt, für das edle Blut, den Träger der Samen neuen Lebens. Dieser Wein, heilig, weil aus ihm das Heil des Menschen kommt, wurde von den Erlösern in den schönsten Liedern gepriesen. So heißt es bei Omar Khayyam: „Gib Wein dem Leben, das verlodern will, und wasch mit Wein den Leib, der modern will!" – „Seit Mond und Sterne hoch am Himmel stehn, ward nichts so köstlich, wie der Wein gesehn!"

4. Mohammed schildert den paradiesischen Zustand, der für jeden Menschen als Ergebnis treuer Ausübung der Väterreligion eintreten wird: „Kreisen soll in ihrer Mitte ein Becher, gefüllt aus einem Born, süß den Trinkenden, dem nichts Betäubendes soll in ihm sein und nicht soll man davon berauscht werden!" – Auch Zarathuschtra erklärt deutlich, dass dieser Wein, in seiner Sprache *Haoma* genannt, nicht berauscht: „Alle anderen Rauschgetränke sind von der die blutige Keule schwingenden Trunkenheit begleitet, aber er, der Trank Haoma ist voll munter und heiter stimmender Reinheit. Flink und frisch macht der Haomarausch!" Über den Heilwert des Haomaweines wird in der Avesta gesagt: „Auch die geringfügigste Haomakelterung, der geringfügigste Haomagenuss dient dazu, tausend Daevas (teuflische Intelligenzen) zu vernichten. Es verschwindet die Befleckung aus dem Hause, dahin man das augenfällig wirksame Gesundungsmittel Haoma bringt!"

5. Als Rabbi Jesus bei seinem Abschied den Jüngern die Hauptgebote der Erlösungslehre einprägte, sprach er, auf den Wein deutend: Dies ist mein Blut! Er, der wegen der Lobpreisung des Weines als *Weinsäufer* verschrien

wurde, wendet sonst in seiner Lehrweise für die im Blut kreisenden Lebenskeime die Bezeichnung Ströme lebendigen Wasser an, oder er spricht von ihren Grundlagen Wasser und Geist. Von diesem Extrakt seines Blutes sagt er: Wahrlich, wahrlich, ich sage dir, wenn jemand nicht von neuern geboren wird, so kann er das Reich Gottes nicht erblicken! Darauf wird ihm erwidert: Wie kann ein Mensch geboren werden, wenn er alt ist? Er kann doch nicht zum zweiten Male in seiner Mutter Schoss gehen und geboren werden, worauf Jesus antwortet: Wahrlich, wenn jemand nicht geboren wird aus Wasser und Geist, so kann er nicht in das Reich Gottes eingehen. Nicodemus erkundigt sich darauf: Wie kann das geschehen? – Du bist der Lehrer Israels, entrüstet sich Rabbi Jesus, und weißt das nicht? Wahrlich, ich sage dir, wir reden was wir wissen und wir bezeugen, was wir erfahren haben, und doch nehmt ihr unser Zeugnis nicht an. Glaubet ihr nicht, was ich euch von irdischen Dingen sage, wie werdet ihr glauben, wenn ich euch von himmlischen Dingen rede! Da auch sein Zeitalter das Himmelreich abseits der Erde suchte, betonte er immer: Das Reich Gottes ist inwendig in euch. Und: Gott ist kein Gott der Toten, sondern der Gott der Lebendigen!

6. Die Menschheit hat, wie uns überliefert ist, das Paradies, das in diesem Leibe schon geschaffen war, durch den Genuss einer verderben stiftenden Substanz verloren, mit der sie ihren Organismus infizierend in seine absolut harmonische Organisation den Geist des Haders, des Streites und der Selbstvernichtung hineintrug, denn diese Substanz hinderte an der vollen Verwertung der Lebenskeime zum inneren Ausbau. Ein Rückfall trat ein in einen längst überwundenen Zustand, in dem sich der arisch reine Mensch, einst in besseren Verhältnissen lebend, nimmer glücklich fühlen kann. In seinem Inneren herrscht angesichts des Verfalles ein furchtbarer Geist des Partikularismus und Egoismus – jeglicher Teil sucht sich auf Kosten der Anderen zu erhalten, vor Vernichtung zu bewahren, wie sich dies in einem Hungersnot leidenden Lande abspielt. Wenn wir den Menschen in seiner heutigen Verfassung betrachten, so müssen wir mit Böhme sagen: Wenn wir das Ebenbild Gottes betrachten, das Gott im Paradiese erschaffen, so können wir keineswegs von dem heutigen groben Menschen sagen, dass der das Ebenbild Gottes sei und dass er die heilige Welt Gottes besitzen könne. Wo in ihm an die Stelle der Liebe und der Zufriedenheit, die ihn einstens erfüllten, der Egoismus und die Unzufriedenheit getreten sind und mangels der aus dem inneren Schauen hervorgehenden wahren Erkenntnis der ewige Streit über Gut und Böse, klagt er den Schöpfer an. Er sucht sein

Glück in kurzsichtiger Weise durch Vergewaltigung im Inneren und Äußeren zu erzwingen. Doch so vernichtet er in seiner Blindheit sein Geschlecht, sein eigen Fleisch und Blut. Dann waret ihr es selber, die ihr euch erschluget, spricht Mohammed zu jenen, die andere Mächte für ihr Verderben verantwortlich machen wollen.

7. Doch inmitten des Taumels, der innen und außen zur Katastrophe hintreiben muss, wird in stillen Stunden eine sanfte Stimme vernehmlich, die ihn mahnt, den Frieden über alles zu stellen. Es ist dies die Stimme des Kernes und Zentrums des Leibes (Akasha), der Leibesseele. die ihren Sitz im Herzen hat; sie strebt unentwegt nach dem ursprünglichen Zustand der Weisheitsherrschaft des in jedem Menschen schlummernden Göttlichen, da ihr die furchtbaren Folgen der anarchischen Zustände unerträglich sind. Wer hat das Wort von Böhme noch nicht empfunden: Nun lieget aber die arme gefange Seele in diesem groben Tiere und sehnt sich nach Gott, aus dem sie ausgegangen und siehet sich nach allen Seiten um, wo ihr recht Vaterland sei. Und es ergreift uns bei diesem Gedenken an die verlorene Heimat unsäglicher Schmerz. Wenn auch das Sehnen nicht genügt, um das Geschick zu wenden: Wohl dem, der die Bereitwilligkeit hat, umzukehren!

8. Es ist ein stetes Bewusstbleiben des Wesens der Entwicklungsstufe nötig, auf der unsere arischen Vorfahren standen und der Wunsch, der im innersten Herzen aller Verbündeten Gottes lebt und rege ist, die ohne Bewusstsein dahin treibenden und festgeballten blinden Kräfte der Substanz zu bändigen, sie im Sinne der weisen Heilspläne zu überwinden und für ein besseres Dasein zu gewinnen. Man muss immer bedenken: Der innere Mensch hätte mit dem äußeren Menschen in dieser Welt wirken und die göttliche Weisheit jedem Geschöpfe, je nach seiner Art eröffnen (und es dadurch auf eine höhere Stufe bringen) sollen. Dies war sein Betätigungsfeld (seine Lebensaufgabe) – er hatte die Kenntnis der Eigenschaften aller Wesen und alle unterstanden ihm und das darum, weil die göttliche Kraft in ihm wirkte.

9. Die Feindschaft des Elementar-, Mineral-, Pflanzen- und Tierreiches lastet als furchtbare Geisel auf dem heutigen Menschen, der in Unkenntnis der Lebensgesetze alle Weltordnung mit Füßen tritt, die Geschöpfe verletzt, misshandelt, sie im Fortschritt behindert und dadurch in berechtigter Selbstwehr gegen sich selber in Aktion bringt. Der Ausweg aus diesem Labyrinth muss gefunden werden, so spricht der Mensch, der durch schmerzliche Erfahrungen zur Erkenntnis der Unhaltbarkeit der herrschenden Zustände gelangte, jener Mensch, der zur Besinnung kam.

Man späht aus nach dem Erretter, man schreit in herzzerreißender Weise nach ihm und bedenkt nicht, dass er im Menschen selber sei. Und doch ist uns der einzige Ausweg von allen Erlösern so klar gewiesen worden! Kann denn ein Hinweis, wie der Mohammeds, missverstanden werden?

10. Allah ist das Licht der Himmel und der Erde. Sein Licht ist gleich einer Lampe, die sich in einer Nische befindet; die Lampe ist in einem Glase, und das Glas gleicht einem strahlenden Stern. Das Licht wird angezündet von einem gesegneten Baum, einem Ölbaum (Weltenbaum), dessen Öl fest leuchtete, auch wenn es kein Feuer berührte; ein Licht über Licht! Eben dieser Ölbaum, aus dem auch Herkules seine Keule schnitzte zum Ringen wieder die Aufrührer in sich selbst, er ist identisch mit dem Wein, mit Haoma, dem edlen Saft der Rebe. Haben wir dies erkannt, so ist der Schleier des Mysteriums von unseren Augen genommen und jetzt liegts am Menschen, dass er aus aller Vernünftelei fliehe und nichts weiter denke, als dass Gott in ihm sei, dass er all die verwirrenden Meinungen verlasse und einzig und allein einig in sich selber werde.

11. Lasst uns darum stets das Wort Zaraduschts bedenken: Das innere Licht besitzt die Eigenschaft der Erleuchtung und der Durchleuchtung des ganzen Wesenkomplexes, es offenbart die Lebenspfade so klar, wie der hellste Tag! Und die Überzeugung erfülle aller Herzen:

O milder Herr und Vater mein
Könnt ich mit deinem edlen Wein
Stets füllen auch mein Becherlein
So wäre ich der Plagen los
Und eitel Sonne wär mein Los!

Wahrlich: Glücklich, wer der Dinge geheimste Ursachen erkannt hat!

12. Jeder Blick ins offene Buch der Natur bestätigt uns dass im Weine, im geklärten Saft der edlen Menschenrebe das Mysterium des Lebens verborgen liegt. Wir können es in die kurzen Worte fassen: Haben wir Teil am Lebenswein, bringt ihn der Weinstock, der wir selber sind, in genügender Menge hervor, und gebrauchen wir ihn weise, so wird das Wort in Erfüllung gehen, in vino veritase = im Wein liegt die Wahrheit. Doch bevor wir darangehen, diesen geheiligten Wein zu benutzen, müssen wir eine ihm würdige Schale, ein geheiligtes Gefäß besitzen! Denn

Aus dem Feuerquell des Weines

Aus dem Zaubergrund des Bechers
Sprudelt Gift und süße Labung,
Sprudelt Schönes und Gemeines
Nach dem eignen Wert des Zechers,
Nach des Trinkenden Begabung.

13. Die Grundlage der Reinigung, die erste der Arbeiten, die in der Überwindung des Löwen besteht, haben wir in der Diätetik und der Atemlehre kennen gelernt, es ist die Beherrschung des Atems und die reine Ernährung. Haben wir unser Leben nach diesen Elementarregeln eingerichtet, so können wir weitergehen auf dem Pfade der Entwicklung. Ohne Unterlass – auch im Kleinsten treu, müssen wir stets an der Reinigung des Bechers arbeiten, eingedenk der Rolle, die dem Leib als Gefäß des Geistes zukommt. Heute wollen wir daran gehen, das Mysterium der Erzeugung der Lebenssäfte zu studieren, um imstande zu sein reiche und köstliche Frucht zu tragen.

14. Die Speisesäfte werden auf dem Wege verschiedener Organe so sehr verfeinert, dass sie schließlich jene Summe von Intelligenz in jedem winzigen Tropfen enthalten, die einen neuen Menschen hervorzubringen vermag. Je nach der Art dieses Verfeinerungsprozesses, der eine Bildung und Erziehung ist, je nach deren Vollkommenheit und Gründlichkeit wird auch jenes Kind gestaltet sein, das daraus hervorgehen soll.

15. Nun hat diese edelste Substanz, die unser Körper hervorzubringen vermag, in erster Linie den Zweck, eine Mission im eigenen Innern auszuführen, die auch die Zeugung eines neuen Menschen ist. Die Wiedergeburt des eigenen Leibes, der Neubau des Geist-Gefäßes ist das Ziel. Denn die beschränkte Lebensdauer, die der Körper von den Eltern erhielt, sie kann nach unserem Willen verlängert werden, wenn wir an Stelle des sterblichen Leibes einen neuen, einen unsterblichen setzen.

16. Um dazu zu gelangen, müssen wir Herkules gleich über das Reich des Todes triumphieren. Die alten, ererbten Zellen müssen wir allmählich abtragen, um an ihre Stelle die neuen einbauen zu können. Dieser Vorgang spielt sich ja eigentlich während des ganzen Lebens bei allen Menschen in gewissem beschränktem Ausmaße ständig ab, wenn das Ich sich dessen auch nicht bewusst wäre, und wir finden an jedem Bilde, das wir im Menschenreiche betrachten, die unerbittlich minutiöse Wirksamkeit dieses Gesetzes bestätigt. Dieser Erneuerungsprozess unterscheidet den Menschen vom Tier und ihm hat der Mensch seine lange Lebensdauer zu verdanken.

Wirkt der Erneuerungsprozess, so kann er manche Generation überleben, hört seine Tätigkeit auf, so wird er zugrunde gehen. Die uralte Erkenntnis der Todesursache gelangt heute wiederum zu Ehren und immer weiter und durchsichtiger werden die, Maschen des Netzes, des Schleiers, der dieses Geschlecht Jahrtausende lang am Sehen behinderte. Die Großen der heutigen Wissenschaft kamen auf verwickelten Umwegen der früher bekannten Ursache des Sterbens auf die Spur.

17. Der regenerative Ersatz des zugrundegehenden Gewebes durch Zellneubildung vermag immer weniger Schritt zu halten mit den Absterbevorgängen. Diese Prozesse betreffen besonders das Parenchym, die spezifisch ausgebildete Zelle. Das Binde- und Stützgewebe gerät eher ins Wuchern und füllt leergewordene Räume mit funktionsuntüchtigem, ja hemmendem Material aus. Über die erste in die Augen fallende Ursache wird vom gleichen Forscher gesagt: Das Aufhören der Geschlechtsfunktionen zieht tiefgehende körperliche und seelisch-geistige Veränderungen nach sich, Psychische Alternation, nervöse Störungen des Gefäßnervensystems, Stoffwechselveränderungen sind die Folgen. Das Gehirn nimmt an Gewicht ab. Auch Brown-Sequard führt das Altern auf Involution der Keimdrüsen zurück.   .

18. Andere Forscher weisen auf die gleichen Erscheinungen als Vorboten des Todes hin. Petzoldt sieht den unvermeidlichen Tod in der Massenzunahme funktionell minderwertiger Gewebe, Ribbert findet seine Ursache in der Atrophie (Schrumpfung) der Organe, also der nämlichen Erscheinung. Sobald der Saft schlecht fließt, wird die Rebe ein kümmerliches Dasein fristen, sobald er versiegt, muss der Rebe Stamm verdorren.

19. Auf die Quelle selbst weist unter anderen Horsley, der die Schilddrüsenveränderungen als Ursache der Degeneration und des Sterbens anführt. Endlich gingen auch anderen modernen Forschern die Augen auf, die nun lehren: Fehlt dieses Fließen des Schilddrüsensekrets ins Blut, so entsteht ein Kretin. Die Schilddrüse ist dasjenige Organ, das die in den Geschlechtsorganen gebildeten Lebenskeime vor Verwendung zur Erneuerung und zur Entwicklung des Hirnes zu verfeinern hat. Wurden diese Säfte infolge mangelhafter Bereitung in den Geschlechtsorganen nicht genügend verfeinert, so kommt es zu Schwellungen der Schilddrüse, zu Kropf oder Blähhals. Die Wissenschaftler, die keine Ahnung von jener Rolle hatten, die die Schilddrüse im Körper spielt, und die auch heute noch immer nicht die Ursache der Schwellung erkannten, operierten diese verunstaltende Neubildung einfach weg. Erst im Jahre 1882 merkten die

Chirurgen. Kocher und Reverden zu ihrem Entsetzen, dass die Kranken gar zu radikal geheilt waren, geheilt von diesem Erdenpilgertum. Sie bemerkten, dass die Patienten rettungslos zugrunde gingen. Haare und Nägel fielen aus, die Haut wurde trocken und schilferig, Muskelzittern trat ein. Das Gesicht nahm einen blöden Ausdruckt an und gleichzeitig nahm die Lebenskraft und die geistige Kraft rapid ab.

20. Wie wir Zarathuschtrier anhand von unzähligen Beispielen wissen, ist diese Schilddrüsenerkrankung in allen Fällen leicht durch jene Behandlung zu kurieren, die unsere Wiedergeburtslehre vorschreibt. Medikamentöse Behandlungen, Bestrahlungen und Schmieren haben verhängnisvolle Wirkungen. Auf wunderliche Weise bestätigt die heutige Wissenschaft die uralte Lehre von der hirnernährenden Aufgabe der Schilddrüse. Professor Förster führt mehr als dreihundert Fälle chronischer Augenleiden an, als deren Entstehungsursache er das Tragen enger Stehkragen erkannte. Warum aber, so frägt sich der einfache Menschenverstand, warum weisen die Autoritäten nicht direkt auf die Ursache hin, die das Augenlicht zerstört also auf die Entzündung der Schilddrüse?

21. Heute sind wir eben noch schlimmer dran, als in uralter Zeit. Mit gekünstelter Rede errichten die Weisen der Erde Mauern um sich, sie behindern dem Lichte des Verständnisses den Zutritt und zwingen uns dadurch, in der Finsternis umherzutasten. Fasst denn der Gesetzgeber, der Geistliche und der Journalist seine höchst verantwortliche Stellung nur als Geldquelle auf, da er das Volk über so wichtige Dinge nicht aufklärt? Der Mediziner sucht sein Wissen durch Einhüllen in eine Fremdsprache vor dem Volk zu verbergen und gebraucht zur Ausrede, Laien könnten diese Kenntnisse schaden. Doch nicht in der Unwissenheit der uns umlagernden Gefahren – denn diese muss doch endlich aufhören – nur in der Bekanntschaft mit denselben ist Heil für uns. Und ein Quintchen Aufklärung ist besser als ein Zentner Heilung!

22. Die Schilddrüse muss also vor Druck bewahrt und so gepflegt werden, dass die dahin gelangende Lebensflüssigkeit so klar und rein sei, dass keine Stauung und Verstopfung ihrer Einrichtungen eintreten kann. So wird die Klarheit und der reine Ausdruck der Augen wachsen und an deren Klarheit können wir auch den Zustand des Hirnes ermessen.

23. Die Funktion der Geschlechtsorgane, deren Innere Sekretion und alles was damit zusammenhängt, ist heute für die Heilkünstler noch ein Buch mit sieben Siegeln. Einer der berühmtesten Ärzte, Dr. E. Doyen, sagt unsere Vorfahren empfanden, dass im Blut und im Gewebe etwas enthalten sei,

was die heiße Sehnsucht nach der Verlängerung des Lebens stillen könnte. Dieses Etwas deutet eine andere Größe an. Professor Brandes stellte bei Tieren fest, was die Herren Mediziner an sich selber längst hätten finden können, dass das Zwischengewebe der Geschlechtsdrüsen, in dem die eigentlichen Geschlechtszellen eingebettet liegen, eine sekretorische Tätigkeit hat, und dass dieses hier ausgeschiedene Sekret sich dem Blute mitteilt.

24. Mit dem Ausfall der Aufnahme der Lebenskeime wird auch logischerweise der verfallende, an verschiedenen Orten sich auflösende Organismus allen Krankheitserregern angenehmen Wohnstätte. Die Wissenschaft hat festgestellt, dass der Alternde (wenn die innere Sekretion mit zwanzig Jahren aufhört, tritt eben schon dann das Altern auf) für Geschwülste und Krebskrankheit disponiert wird. Mit Influenza geht Anschwellung der Schilddrüse einher. Skrofulose ist auf Blutvergiftung zurückzuführen. Diese hat ihre Wurzel in den verkümmerten, unausgebildeten Zeugungsorganen. Rückenmarkskrankheiten haben ihre Ursache in Genitalstörungen.

25. Die Funktion der Geschlechtsorgane hängt innig mit jener der die Säfte für die Veredelung vorbereitenden Nieren zusammen. Eine Störung in diesen Organen muss eine Störung der Bildung von Lebenskeimen, der inneren Sekretion und damit der Ernährung lebenswichtiger Organe zur Folge haben. So geht schwere Tuberkulose mit Veränderungen der Nebenniere einher.

26. Den alten Dermatologen (Hautärzten) war die Zusammengehörigkeit der pathologischen (krankhaften) Hauterscheinungen und der krankhaften Veränderungen des Gesamtorganismus selbstverständlich, sagt eine andere Autorität. Relativ am gesichertsten scheinen noch die Wechselbeziehungen zwischen gewissen Hautveränderungen und Anomalien der Drüsen mit innerer Sekretion. Funktioniert die Nebenniere schlecht, dann wird der Mensch bronzefarbig. Material über Material angeführter Art steht dem ernsthaften Sucher zur Verfügung.

27. Nach dieser sonst nicht gebräuchlichen, aber in unserer Zeit geforderten wissenschaftlichen Beweisführung wird der Schüler besser verstehen, welche ungeahnte Bedeutung der Funktion der Geschlechtsdrüsen zufällt und er wird von selber auf den Gedanken kommen: Wie kann ich diese edlen Organe, aus denen Leben oder Tod entspringt, so pflegen, dass die Säfte aufs edelste verfeinert werden? Wie kann ich ihre Produktion vermehren und wie schütze ich mich vor Verlusten, die ja unersetzlich sein

müssen?

*

VIERTER ABSCHNITT

Das Symbol des Kelchs des Grals.

DAS GEFASS

O großer Gott,
die Welt verdorrt vom Durste,
und vor ihr quillt ein klarer, frischer Fluss!

1. Noch hing Dämmerung am Himmelssaum, da rief es aus der Schenke mir im Traum: Erwacht ihr Kinder, füllt den Becher auf, eh euch des Lebens Saft versiegt und Schaum! Füll auf dein Glas, es sei dem Heut geweiht! Schnell gleitet unter uns hinweg die Zeit … Gestern starb, Morgen ist noch nicht geboren. Eile, damit das Heute wohl gedeiht! Steh auf, und schau im Strahl des Morgenlichts den Wein im Spiegel deines Angesichts. Denn, diesen Augenblick erspähst du vergeblich wieder in der Welt des Nichts! Komm, hör die Weisen reden, lass dich nieder – das Leben ist so kurz und süß die Lieder: Nur eins ist sicher und der Rest ist Trug, verwelkte Blumen blühen niemals wieder! 1
2. Vor der völligen Abkehr von den Gesetzen der Natur, vor der Zeitepoche der Verwilderung und Versumpfung des Menschengeschlechtes sah man die Geschlechtsorgane mit anderen Augen an. Als Attribut der höchsten Fähigkeit, die der Mensch besitzt, der schöpferischen, wurde die Geschlechtskraft in gebührender Weise verehrt.

3. Dieser eigentümliche Zeitgeist, unter dessen Szepter wir heute leben, erblickt es als unsittlich, unzüchtig und frivol, überhaupt daran zu denken, dass der Mensch Geschlechtsorgane besitze. Jedoch unter dem Deckmantel der scheinbaren Moralität, Sittlichkeit und Kultur ist infolge des völligen Mangels an Selbstkenntnis und Selbstzucht der Missbrauch der Organe, die Unzucht, zu gigantischer Größe angewachsen. Als ob die Gewissen klar wüssten, dass es eine Sünde, ein Verbrechen an seinem eigenen Leben, somit einen frühen Tod herbeiführende, eine Todsünde ist, was der Mensch heute allgemein in seiner geschlechtlichen Verirrung begeht, hat man die Prüderie parallel damit mit muckerhaften Mitteln auf das denkbar größte Höchstmaß gesteigert. Hier liegt der wunde Punkt aller und alle suchen ihn krampfhaft zu verbergen, denn sie schämen sich seiner! Unbeobachtet aber hält dieses Geschlecht alles für erlaubt, in aller Heimlichkeit ahmt man nicht nur die Leidenschaftlichkeit des Tieres nach, sondern man überbietet ihren Grad mit ausgeklügeltem Raffinement bei weitem.

4. Insolange man diese Scheinmoral nicht aufgibt und an ihre Stelle die Achtung und Ehrfurcht und den heiligsten Gesetzen der Natur treten lässt, wird der Verfall, die weitere Degeneration der arischen Rasse unaufhaltsam sein. Keine Macht des Himmels und der Erde vermag das Verderben und den gänzlichen Niedergang abzuwenden, nur die Umkehr des verirrten Geschlechts allein!

5. Die ältesten Völker der weißen Rasse, die die wahre Religion befolgten, gelangten durch sie auf Kulturstufen, die wir heute gar nicht zu begreifen vermögen. Wir, ihre Abkömmlinge, deren Vätersväter das Erbe bis auf einen kümmerlichen Rest durchgebracht haben, werden heute nicht nur von tief unter uns stehenden Rassen, sondern auch vom Tierreiche an Hochstand übertroffen. Beneiden wir doch tiefstehende Rassen um Gaben und Fähigkeiten, um Scharfsinn, Flinkheit, Ausdauer, Geschicklichkeit und Beobachtungsgabe, die Tiere um unseren Augen wunderbar scheinenden Eigenschaften, den Witterungssinn, Orientierungssinn, Spürsinn, den phänomenalen Gesichtssinn, die Blumen um ihre Schönheit, ihren Duft und um ihre Früchte! Ohne zu bedenken, dass eine Rasse, die vor tausenden von Jahren alle diese Evolutionsstufen niederer Reiche bei weitem überholt hatte, im Besitze größerer Gaben und herrlicherer Eigenschaften gewesen sein muss.

6. Diese Auffassung war die Grundlage der Lehren der Schulen der Auserlesensten und Tüchtigsten, der Mysterienschulen des Altertums. Die Führer derselben waren sich dessen voll bewusst, dass eben in der

mangelhaften Erzeugung und Verwertung, im Missbrauch der aufbauenden, verjüngenden und veredelnden Lebenskeime der Sündenfall bestand und dass ein Aufstieg nur durch Rückkehr zu jenen Lebensgesetzen möglich ist, deren Verleugnung den Fall verursachte.

7. In diesen Schulen wurde versucht, die Volkshygiene, die Sitten und Gebräuche in der genannten Richtung zu beeinflussen, indem man praktische und philosophische Lebenskunstlehren in weiteste Kreise trug. Durch die Etikette geforderte Reinlichkeit, geschickt durch (Runen-)Gesänge und Anrufungen verschleierte Ausatemübungen, gymnastische Spiele und eine menschenwürdige, reine Ernährung sollte das Gedankenleben von seinen Fesseln befreit und geläutert werden, um den Menschen zum Genuss jenes religiösen, harmonischen Lebens zu befähigen, durch das der Prozess der Wiedergeburt, der Zellenveredlung durch Erneuerung, wieder in Tätigkeit kommen kann. Das goldene Zeitalter durch die Schaffung einer edlen Rasse wieder zu errichten, war der Schulen Ziel.

8. Entsprechend dem durch die Demoralisation verwirrten Gedankenleben des Volkes durften sie nicht öffentlich auf jene Organe hinweisen, auf deren Funktionstüchtigkeit alle ihre Maßregeln hinzielten, wie man auch heutzutage sich vor der schmutzigen Phantasie der Allgemeinheit hüten muss, die eine Begleiterscheinung der Unreinheit der Leiber ist. Erst, wenn diese besiegt ist, wird **das Sexualgesetz als Kern der Religion enthüllt werden dürfen**. Ehe dies nicht der Fall ist, wird man missverstanden und das böse Gewissen des Unreinen bewirft, den Spieß drehend, die reinste und moralischste Lehre aller Zeiten mit Kot. Dies halte sich jeder Schüler vor Augen!

9. Verfährt man weise und vorsichtig, wie die alten Schulen, so wird man den Seinen und seinem Volke helfen können. Will man die Welt verbessern, so darf man dem Bösen nie auf eine Art begegnen, die der Anklage gleich kommt, denn es hat heute die Macht, das wolle man nie vergessen. Wir müssen auf eine andere Art vorgehen. Da der Zustand, den wir böse nennen, dadurch eingetreten ist, dass der Mensch, sich von Gottes Führung losreissend. dem Eigenwillen folgend, meinte, sich noch bessere Verhältnisse schaffen zu können, müssen wir seinem treibenden Streben entgegenkommen und ihm, dem wir zum Urzustand des goldenen Zeitalters zurückhelfen wollen, beweisen, dass dieser oder jener Gebrauch sein Vorteil und Nutzen wäre. Alsbald wird selbst die trägste Kreatur, einmal überzeugt davon, dass wir ihr einen guten Rat gegeben, um weitere

35

Weisungen an uns appellieren. Und auf diese Weise besiegen wir allgemach das Böse ohne eigentlichen Kampf, wie das Licht das Dunkel überwindet. 10. Wir müssen wohl bedenken, das Böse ist keine Persönlichkeit, es ist ein Zustande, schlechte Zustände sind von den Menschen geschaffen, sie sind etwas Künstliches und Unnatürliches, das von seinen Schöpfern aufrecht erhalten wird. Sobald nun der Mensch andere, bessere Zustände herbeiführt, verschwindet das Böse. Zu diesem Ende müssen wir uns streng davor hüten, die leicht entzündliche Phantasie der Menschen auf irgendeine Weise zu reizen. Gutdenkende Leute versuchten die Sittlichkeit dadurch zu heben, dass sie Nacktkultur propagierten, in der Meinung, so die Geschlechter aneinander zu gewöhnen und den Reiz, der in der Absonderung und Verhüllung liegt, auszuschalten. Aber die Früchte ihres aufrichtigen Strebens sahen nach dem geraden Gegenteil aus. 11. Da es aber keinem Edelgesinnten gleichgültig sein kann, als unsittlich angesehen zu werden, müssen wir diese Methode bleiben lassen. Solche Anwürfe würden jene dem Werke fern halten, die im Innersten ihres guten Herzens bessere Zustände herbeisehnen, und wir könnten unsere Mission nicht erfüllen. Auch die besten geben heute noch so viel auf das Hörensagen; statt den Dingen auf den Grund zu gehen, fällen sie ein vorschnelles Urteil über die edelste Sache, das allerdings auf sie selber zurückfallen muss. Und das Wort geht in Erfüllung: Richtet nicht, damit ihr nicht gerichtet werdet! Denn richten sie sich damit nicht selber? Gewiss, denn so verriegeln sie sich den Weg zum Heile. Wohl dem, der das Wort zu seinem Maxim gemacht: Prüfet alles, das Beste aber behaltet! 12. Nach eingehender Vorbereitung des Volkes wagten es die Schulen erst, das wichtigste Mysterium zu verkünden, die Geschlechtspflege. Die Schule von Eleusis veranstaltete alle paar Jahre Prozessionen, in denen dem Volke mächtige Nachbildungen der Geschlechtsorgane vor Augen geführt wurden, zum Gedenken und Gedächtnis an die Heiligkeit ihrer Pflege. Viele Tempel bargen und bergen heute noch ähnliche Denkmäler. In indischen Tempeln findet man häufig Lingam und Yoni, die Symbole der Geschlechtskraft, in einer einzigen Tempelkolonie oft tausende von Darstellungen der weiblichen und männlichen Geschlechtsorgane. 13. Auf die europäischen Besucher dieser Tempel mit ihrer befleckten Phantasie wirken diese symbolischen, heiligen Darstellungen freilich gegenteilig. Statt in ihrem Innern den Vorsatz reifen zu lassen, die Quelle der Lebenssäfte fortab rein zu erhalten und zu ehren, erregen sie den Kitzel der Leidenschaften noch verderblicher. Welche Wonne bereitet es solchen

Leuten, bei ihrer Heimkehr allen Bekannten in gut geheuchelter Entrüstung über das Gesehene zu berichten und auch andere mit dem Schmutz ihrer Phantasie zu infizieren!

14. Die durch die alten Rasseführer vorgeschriebene Hygiene bestand in erster Linie in äußerer Reinhaltung. Durch ihre nahe Nachbarschaft mit dem After sind die delikaten Organe mehr als irgendein anderer Körperteil der Verunreinigung ausgesetzt. Besonders Leute mit fauligem, stinkendem Stuhl, die ja voll sein müssen von Bakterien und Bazillen, können nicht genug hierauf achten. Wie mangelhaft wird auch der After gereinigt! Das schmutzigste Papier, meint man, sei für diesen Zweck gut genug. Kein Wunder, wenn bei solcher Reinigung die Krankheitserreger sich in den durch ihre Wärme ihrer Entwicklung besonders günstigen Hautpartien der Geschlechtsorgane einnisten. Solche Infektionen werden zum steten Kitzel und dadurch zu einer der Ursachen der Leidenschaftlichkeit und Sinnlichkeit.

15. Absolute Reinlichkeit – die modernen Wasserspüleinrichtungen gestatten ja ohne Umstände den Gebrauch des Wassers – und möglichst häufige Waschungen mit heißem Wasser, Pflanzenfettseife und desinfizierenden Mitteln, zeitigen überraschenden Erfolg! So manche scheinbar unüberwindliche Leidenschaft ist nach kurzer Zeit verschwunden. Ganz besonders heiße Kompressen, die zur Entwicklung der Organe angewendet werden, und auch heiße Geschlechtsbäder sind hierzu dienlich. Heiße Temperatur ist nötig, weil nur die Hitze die Poren öffnet, und in dem darin angesammelten Talg und Schmutz halten sich ja die unruhestiftenden Parasiten auf. Nach den Waschungen oder Kompressen werden die Organe gründlich getrocknet und mit ein paar Tropfen Regenerations-Hautpflegeöl behandelt, dem etwas desinfizierendes Öl beigegeben ist.

16. Dieses primitivste Gebot der Reinlichkeit befolgen ja selbst die Tiere – beobachte doch deine Haustiere – Hunde und Katzen! Man empfindet Ekel bei der Beobachtung ihrer gewissenhaften Pflege, durch die sie den antiseptisch wirkenden Speichel an die gefährdeten Stellen bringen. Wir sollten über diese Hygiene der Tiere nachdenken und daraus die Konsequenz ziehen: Der Mensch, der strebende Mensch, wenn er auf eine höhere Kulturstufe Anspruch, erhebt, muss das Tier an Reinlichkeit bei weitem übertreffen. Reinheit dokumentiert die Kulturstufe. Und Reinheit ist das köstlichste Gut!

17. Ferner strebe man danach, das Gebot der alten Rasseführer zu erfüllen,

alle Spannung und Beengung durch Lockerung und Entspannung des Unterleibes und seiner Organe zu beseitigen, vor allem durch die tägliche Übung des orientalischen (persischen) Sitzes und der gymnastischen Bewegungen der Atemlehre. Die gewohnheitsmäßige Anwendung des persischen Sitzes in Gibor-Runen-Stellung hat deutlich bemerkbar die Ausschaltung der infolge Spannung hervorgerufenen Stauung der Säftezirkulation zur Folge. Der Kopf wird alsbald freier und Gemütsruhe und Gemütlichkeit treten an Stelle der Unrast. Den „Gibor" ist der Geber! Die Beschaulichkeit, Überlegung und Selbstbeherrschung der Orientalen ist nicht zuletzt den wohltätigen Einflüssen dieses Sitzes zuzuschreiben.

18. Man trachte, die anfängliche Schwierigkeit zu überwinden, auf die man beim ersten Versuchen dieses Sitzes stößt, mögen auch einzelne steife Muskelpartien schmerzen, sie werden sich bald an die neue Inanspruchnahme gewöhnen und man wird den Sitz noch als den denkbar bequemsten einschätzen. Man übe sich täglich im Sitzen und Aufstehen, bis man diese Übung mit Leichtigkeit dutzendmale ohne die Hände zum Stützen zu gebrauchen, ausführen kann. Später versuche man, sich beim Sitz nach vorn zu neigen, um so das steife Rückgrat zu lockern, man übe und übe, bis man den Boden mit der Stirne berühren kann, ohne das Gesäß zu erheben. Jedoch alles langsam und mit Bedacht!

19. Diese Übung wird auch sehr dazu beitragen, dass der Reinheit des Fußbodens erhöhte Aufmerksamkeit geschenkt wird. Besonders die Frau hat viel an dem infolge mangelnder Reinlichkeit bakterienübersättigten Boden zu leiden, der Staub wird durch die Röcke aufgewirbelt und setzt sich, wenn keine geschlossenen Beinkleider getragen werden, in den heikelsten Hautpartien fest. Manche Infektions- und Entzündungskrankheit rätselhaften Ursprungs in den Organen rührt oft daher.

20. Weiters ist noch eine andere Übung empfehlenswert. Man verschafft sich eine Leiter, die an die Wand angelehnt wird, stellt sich, die Hände in den Hüften, einen Schritt weit davon auf, verlegt das Schwergewicht des Körpers auf den linken Fuß, lässt den rechten pendeln, atmet ein, schlägt, den Atem haltend, mit dem Ballen des pendelnden Fußes fest auf die unterste Sprosse und lässt den Fuß, währenddem man ausatmet, in die Ausgangsstellung zurückgleiten. Das nämliche tut man mit dem linken Fuß. Schließlich führt man diese Bewegung Stufe um Stufe immer höher aus, bis zur äußerst möglichen Höhe. Dabei bleibe die Haltung des Körpers gerade und man amte darauf, dass der Leib bei der Bewegung nicht schwankt, wie ein Rohr im Wind. Die Fußgelenke müssen beim

Aufschlagen absolut locker bleiben. Diese Übung lässt sich auch an einer steilen Treppe gut durchführen.

21. Diese Übung entspannt die unteren Partien und auch aus ihr resultiert eine prächtige Wirkung. Man suche nunmehr in Zukunft beim Ruhen auf einem Stuhle stets einen sehr breiten Sitz einzunehmen, denn die zusammengepresste Haltung der Schenkel hat gleichfalls Stauungen zur Folge, die die Säfteverteilung im höchsten Masse hemmen müssen, was sich nach längerem Verharren in solchem Sitz durch Zerstreutheit und Spannung im Gedankenleben äußern muss.

*

FÜNFTER ABSCHNITT

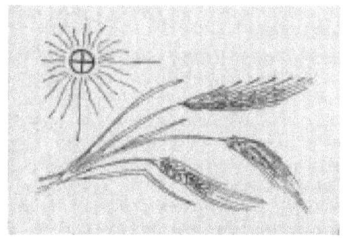

**Der vierpolige Weizen als Sinnbild
der Gottesmutter.**

DER BAUSTOFF

Die erste Pflicht
des Menschen, Speis und
Trank zu wählen, erfüllt er die?
Und lässt er vielmehr nicht sich wie ein Kind
von allem reizen, was dem Gaumen schmeichelt?

1. Dies ist mein Leib!, sprach Jesus bei dem Gedenkmahle zur letzten

Einprägung der Grundsätze seiner Lehre vom Brot, der Speise aus Weizen. Denn hieraus, aus dem Getreidekorn entstand der Ariers Leib, das ist seiner Worte Sinn. In symbolischer Weise gaben auch die Ägypter dem Gebälk die Form des menschlichen Leibes.

2. Die Genesis berichtet: Siehe, ich habe auch alles Gewächs auf Erden gegeben, das Samen trägt, auch alle Bäume, an welchen Früchte sind, sie sollen eure Ernährer sein! Und die zehntausendjährige Avesta gebietet: Die Früchte seien des Menschen Speise!

3. Hier ist uns ein Gesetz gegeben, von dem der Fortschritt abhängt. Nur die Frucht der Pflanzenwelt enthält jene Materialien, die zum Umbau, Ausbau und Neubau der Zellenwelt geeignet sind, zur Wiedergeburt. Im reinen Trieb der Pflanzenwelt selbstlos aufstrebende, von entwicklungsfähigem Geist durchdrungene Materie gibt dem menschlichen Organismus jene Arbeiter und Substanzen, die der Seele ein dauerhaft Gehäuse und willig Instrument zu schaffen berufen sind.

4. Aus minderwertigem, morschem und faulendem Holz wird nur ein Tor seine Wohnstatt zimmern. Der Weise sucht das haltbarste, das lebensfähigste Material zu erlangen und fügt es aufs genaueste lückenlos Fuge auf Fuge, denn er bedenkt wohl, dass das Haus nur so allen äußeren Anstürmen gewachsen sein kann.

5. Er denkt daran, dass der Bau ein langes Leben hindurch sein Schirm sein muss, er stattet ihn mit aller erdenklichen Bequemlichkeit aus, um sich den Aufenthalt darin angenehm zu machen und er unterlässt nichts, was dazu erforderlich ist, um jedem Feind das Einnisten in dieses Schneckenhaus des Geistes zu verwehren. Sollte dieser solide Bau auch teurer zu stehen kommen und mehr Zeit und Aufmerksamkeit zu seinem Bau beanspruchen, er weiß es, der Mehraufwand wird sich hundertfach bezahlt machen.

6. Dann pfropft der Weise sein Haus auch nicht voll nutzlosen Tand und Flitterkram, der ihm die Übersicht rauben und dem Ansatz von Schmutz und der Bildung von Krankheitserregern und Ungeziefer Vorschub leisten würde, er verzichtet auf hundert Nichtigkeiten und erwirbt um deren Preis einen kostbaren Teppich oder einen edlen Leuchter. Rasch zerfällt der Kram, er muss in der Zeit einer Generation öfters erneuert werden, während die gediegene Einrichtung die Lebensdauer mehrerer Generationen hat. Und während dem Toren sein ganzes Leben lang die Sorge über das Flicken seiner Hütte plagt, erspart sich der Weise diese Mühsal. So bleibt ihm Zeit zum frohen Genusse des Lebens und zur Verfolgung höherer Ideale.

7. Dieser Körper, in dem wir stecken, er ist nun einmal unsere Wohnstatt

auf diesem Plan und wir können nicht daraus ausziehen – es sei denn für immer! Diesen Bau haben wir von unseren Eltern geerbt und wir müssen ihn zeitlebens bewohnen. Doch ist´s uns anheimgestellt, das elterliche Haus allmählich umzuwandeln, es umzubauen und besser einzurichten. Indes begnügt sich alle Welt im besten Fall mit dem Reparieren: Bald wird das Dach geflickt, bald der Boden, bald die Wasserleitung, bald die Kanalisation.

8. Wohin führt ein solches Tuen? Das können wir Tag rar Tag beobachten. Man kauft eine Brille, statt die schmutzstarrenden Fenster zu putzen, spannt in der guten Stube einen Regenschirm auf, statt das Dach gründlich zu erneuern, schimpft aber das eklige, schale Wasser, statt einmal die unsaubere Leitung zu reinigen. Und man freut sich gar über den Schnupfen, der einen den Gestank der überlaufenden Kloake für eine Zeit nicht wahrnehmen lässt, statt die Kanalisation zu erneuern!

9. Ja, alle Welt flickt ihr ererbt Gehäuse mit untüchtigem, morschem, in Auflösung begriffenem Material, stopft wahllos ihre Wohnstatt voll mit moderndem, gärendem, faulendem Zeug, das mit Hilfe von Gewürzen appetitlich gemacht wurde, wie ein hässliches Weib mit Schminke. Was Wunder, wenn bei solcher Wirtschaft die ewige Klage kein Ende nimmt? Anstatt es Herkules gleich zu tun, steht man den ganzen Tag an der Tür dieses oder jenes Nachbars, der ein besonders imponierendes Schild ausgehängt hat und heischt um Geld, Rat und Hilfe.

10. Du Tor, warum lassest du dich von papiernen Gelehrsamkeitstiteln blenden! Wolltest du doch einmal gründlich in die Wohnstatt des angestaunten großen Tieres gucken – das würde dich ein für allemal von deinem Autoritätenwahn kurieren. Dir imponiert die freche Stirne oder die goldene Brille, der moderne Frack und der herrische Ton jedes nichtsnutzigen Schwätzers und Salbaders! Bedenke doch einmal: Der Arzt, der sich selber nicht helfen kann, wie könnte wie könnte der dir ein besseres Dasein schaffen? Der Geistliche, den tausend Leidenschafts- und Krankheitsteufel plagen, der hier auf Erden ein Höllenleben führt und der dir ein schönes Leben im Himmelreich vormalt: Wenn du dem einen Taler gibst, er hat ihn durch seine Aufrichtigkeit, mit der er seine Ohnmacht bekennt, die Verhältnisse auf Erden ändern zu können, eher verdient.

11. Lass dich nicht verwirren vom armseligen Gerede der Autoritäten, sondern kehre heim zu dir selber und schaffe hier Ordnung. Fort in die reinigende Flamme mit allem Tand und Flitterkram! Luft und Licht in alle dumpfigen Winkel! Dann trachte nach Reinheit in allem, und da auch du zu

dem Geschlecht mit dem kurzen Gedächtnis zählest, hänge ein großes Schild mit den leuchtenden Lettern an die Wand: *Reinheit ist das höchste Gut! Nur die Reinheit wird dich erlösen!*

12. Was hilfts, sich ewig zu kratzen, rottet man das Ungeziefer so je aus? Nein! Du schaffst ihm damit nur neue Gelegenheit, besser an dein Blut zu kommen! Nutzt es, Unkraut abzumähen? Nein! Man muss es mit der Wurzel ausreißen! Mit allem Herumdoktern ist nichts getan. Bedenke dies und beginne deine Arbeit am rechten Ende. Würdige fortab nur das Gediegenste und Lebensfähigste der Aufnahme in dein Zellenreich und führe deinem Organismus nie mehr zu, als was er gründlich zu verarbeiten vermag.

13. Schon greifen fortgeschrittene Ärzte diese uralte Weisheit auf. Einer von ihnen sagt: Unsere ganze Anschauung von der Heizung unserer Leibesmaschine mit soundsoviel Grundstoffen ist grundfalsch, weil sie einen bisher nie erkannten, beinahe mystischen Einschlag in der Ernährungsfrage ständig ignoriert hat: Nämlich, dass die Ernährung nicht nur Heizung und Arbeit leistet, sondern auch in einem dauernden Befruchten lebender Keime aus allem Belebten besteht. Nahrung bedeutet Milliarden von Mischungen zwischen den Zellen, ein grandioser Prozess des Austausches aller erworbenen Fähigkeiten des Organismen. Man könnte kein Wesen erhalten ohne Zutun lebendiger Zellkerne: Zum Leben gehört das Leben, nicht nur Kohle, Fett und Eiweiß. Da liegt ein Mysterium der Ernährung. Man denke einmal, wie viel tausend Millionen Keime eine Rübe, eine Nuss, ein Glas Milch enthält und wie viel Ergänzungsbefruchtungen sie im Leibe des Genießenden auslösen können.

14. Der Einfluss der der Nahrung innewohnenden Intelligenzen kann von jedem feineren Beobachter an sich selber festgestellt werden. Man wird finden, dass dem menschlichen Organismus nichts so sehr schadet als das Fleisch, das unbedingt als in Verwesung begriffenes Produkt zu gelten hat. St. Basilius kennzeichnet seine Wirkung trefflich mit den Worten: Die Dünste der Fleischspeisen verdunkeln das Licht des Geistes. Mit welcher Art von Fleischspeisen auch der Magen gefüllt werde, es entstehen daraus immer unreine, unedle (dem Charakter des Tieres entsprechende, nicht menschliche) Neigungen, die Seele wird gleichsam unter der Last der Speisen erdrückt und der Mensch verliert die Herrschaft und Fähigkeit zum Denken.

15. Dies beruht auf ehernen Naturgesetzen, die sich wissenschaftlich erkennen lassen. Pflanzliche Zellen sind in ihrem Geiste, in ihrer

Organisation grundverschieden von tierischen. Die Entwicklung ist beim Tierreiche derart, dass vermöge der innewohnenden Selbsterhaltungs- und Individualitätsbewahrungsfähigkeit, die unzerstörbar dem Fleische anhaftet, eine Assimilation ausgeschlossen ist. Das Pflanzenreich hinwiederum ist assimilierbar und entwicklungsfähig. So muss uns auch die Logik das sagen, was die Erfahrung am eigenen Leibe dartut, dass die aufgenommenen tierischen Zellen, wenn sie auch einmal teilweise zum Ersatz irgendwelcher Gewebe als Baumaterial herangezogen werden sollten, eine weniger vollkommene, und weil der menschlichen Gesinnung widerstrebend, eine sich fremdartige, eigenbrötelnde und deshalb Krankheiten gegenüber widerstandsunfähigere Substanz bilden müssen, als die angeborene. Raschere Degeneration, als beim Behalten der ererbten Zellen eingetreten wäre, muss die natürliche Folge sein. Während diejenigen Säuglinge, die mit Muttermilch aufgezogen werden, trotz des wenig guten gesundheitlichen Zustandes der meisten Frauen so gut gedeihen, dass in Deutschland nur sechs vom Hundert sterben, gehen zwanzig von jenen zugrunde, die mit tierischer Milch ernährt werden. Und dabei ist die Milch noch lange kein in Verwesung übergegangener Stoff, kein Leichenteil! Was könnte deutlicher für unsere Anschauung sprechen als diese amtlich festgestellten Ziffern? Der der Mutterbrust entwachsene Mensch erzielt durch ausschließliche Verwendung klug gewählter pflanzlicher Nahrungsstoffe, die sich entsprechend den gegebenen Bedürfnissen dem Menschenorganismus anpassen, eine Verbesserung und Verjüngung der ererbten Gewebe, was bei tierischer Kost nie möglich wäre.

16. Wir betonen angesichts dieses für unser Ziel unendlich wichtigen Gesetzes: Im Grunde genommen ist der Leib eine Erziehungsanstalt, die auf tieferer Entwicklungsstufe stehenden Intelligenzen im Laufe von Tagen, die aber für sie tausendfache Entwicklungszeitepochen sind, zu jener Stufe emporhebt, die sie befähigt, die Funktion des Zentrums dieser oder jener menschlichen Zelle zu unterstützen. Dass hierzu eine innige Durchbildung mit jener gewaltigen Wissenschaft notwendig ist, deren Träger und Vollstrecker den Riesenorganismus Mensch aufbauen und aufrechterhalten, wird auch jenen einleuchten, die da der gedankenlosen Meinung huldigen, dass der Assimilationsprozess ein chemisch-mechanischer Vorgang sei. Die Erziehung beginnt mit dem Kauen und setzt sich durch das Verdauen fort, durch das die Organisationen aufgelöst werden. Der Assimilations- oder Assentierungsapparat trifft die erste Auslese, bei der einmal das Tote, unverdauliche ausgeschieden und das Geeignete an hierfür bestimmte

Erziehungszentren weitergegeben wird. Je nach ihrer Natur werden die Intelligenzen zum Beruf des Beschützers (Haut) erzogen, oder zu dem des Mitarbeiters eines Organes, die Edelsten zur Unterstützung der Nerven und des Hirnes.

17. Der geistigen Entwicklungsstufe eines Nahrungsmittels entspricht seine Eignung oder Schädlichkeit für den Menschenorganismus. Unzweckmäßige Auslese der Nahrung muss Unterernährung der edelsten und lebenswichtigsten Organe zur Folge haben, obgleich uns der Schein oft trügen möchte. Es können volle äußere Formen ins Auge fallen, während die lebenswichtigsten Organe degenerieren. Den Menschenorganismus fördern nur Assoziationen, die auf der Entwicklungsstufe des Pflanzenreiches stehen, Stoffe aus dem Mineralreich, die nur durch das Pflanzenreich assimiliert und für die Entwicklung im Menschen vorbereitet werden können, sind für den Aufbau nicht verwendbar, Stoffe aus dem tierischen Verband haben gemäß den Entwicklungsgesetzen vergiftende, zersetzende Wirkung. Es ist begreiflich, dass eine Ernährung mit Blattwerk ganz anders auf den Organismus einwirken muss, als geregelte Zufuhr von Körnerfrüchten. Während die Intelligenzen im Blattwerk den Stoffwechsel, vor allem den Atem des Pflanzenwesens zu besorgen hatten, das die Frucht einhüllende Saftfleisch die Vorbereitung des Bodens für ihre Aufnahme, ist im Kerne selbst das ganze Wissen und Können der betreffenden Art zentriert, das über die Fähigkeit verfügt, einen neuen Organismus zu schaffen. Darum sind sie seit den ältesten Zeiten als notwendigster und wertvollster Bestandteil der menschlichen Ernährung, ja als ihre Grundlage, hochgehalten worden. Ebenso Baum- und Gemüsefrüchte. Früchten ähnlich sind Eier, Milch und Honig sind vorbereitete Nährstoffe der Tiere. Blätter, die Heilblätter der Zarathuschtrier, erfüllen im Menschenorganismus die gleiche Rolle, wie im pflanzlichen, sie fördern den Ausscheidungsprozess und sind darum auf der heutigen Entwicklungsstufe in der Ernährung unentbehrlich. Der pflanzlichen Entwicklungsstufe entsprechend werden die Blätter auf ganz bestimmte Organpartien wirken. Man siehe die Heildiätik, in der alle Einzelgesetze ausführlich angeführt sind.

18. Giftige Nahrung unterdrückt die Psyche, stört das rein menschliche Denken, das aus dem Einklang mit unserem Zentrum, mit Gott in uns resultiert. Das gefährlichste Gift für uns ist das Leichengift, das die Intelligenzen des in Auflösung begriffenen tierischen Organismen darstellen. Einer nahen Stufe angehörend, ist ihre Anpassung an die im Menschenleib herrschende Ordnung unmöglich. Mit der größten

Hartnäckigkeit suchen sie die im Tierleib verfolgten Ideale hier zu verwirklichen. Solche Substanzen müssen den Menschen niederen Trieben ausliefern, ihn auf die Stufe des Tierreiches und noch tiefer degradieren. Da helfen alle Morallehren nichts, wo man tagtäglich aufs neue sein Inneres mit Intelligenzen der Leidenschaft der Selbstsucht, der Geilheit, Tücke und Raubgier infiziert! Diese Vergiftung ist an allem Streiten und Kriegen schuld und gegen ihre Folgen hat der Erkennende anzukämpfen. Durch die schwersten gedanklichen und gesundheitlichen Krisen führt der Weg, denn der Feind will sein erobertes Gebiet nicht aufgeben. Wir entsetzen uns darüber, wenn die Wilden von Papua den Leichnam eines tapferen Kriegers verzehren, um seinen Heldenmut zu erben, aber wir selbst lassen uns täglich zu dem Frevel verführen, die Intelligenz von Schweinen, Ochsen und Hühnern in uns aufzunehmen und wirken zu lassen.

19. Befriedige darum deine Gaumenlust inskünftig nicht mehr, sondern folge dem gesunden Bedürfnis des Leibes – untersuche jedes Verlangen nach Speise auf seine Berechtigung und überlege alle Umstände. Richte vor allem dein Augenmerk auf die erste Ursache der Versündigung gegen dich selber. Wo ist sie zu suchen? In der steten Reizung des Gaumens durch salzreiche Schleimmassen, die aus den Verdauungsorganen emporsteigen und die Wachsamkeit des Geschmackssinnes, dessen unterscheiden sollende Empfindungsfähigkeit irritieren und lähmen. Die nämlichen Schleimmassen dringen auch in die Nasenhöhlen, hemmen den Atem, behindern den Geruchsinn und trüben nicht zuletzt Gesichtssinn und Gehör. Dieser Wächter beraubt, folgt der Mensch dem Heißhunger der Parasiten im Darm. So wird eine Übertretung, sofern sie nicht durch Reinigung gesühnt wurde, fortzeugend Böses gebären, und schließlich muss der Mensch unter der Sünden Last zusammenbrechen. Reinheit allein kann helfen! Darum müssen wir den festen Vorsatz fassen, die Klärung in unserem Inneren zu erreichen und wir wollen uns hüten, nach dieser Arbeit ferner Substanzen in den Organismus Einlass zu gewähren, die vorher nicht vom Gesichts-, Geruchs- und Geschmackssinn geprüft wurden. Irrtum ist keine Entschuldigung, denn wenn ich irre, irre ich wider mich selber!

20. Porphyrius sagt uns: Unterzieht man sich nicht allen möglichen Erduldungen, um von körperlichen Schmerzen frei zu kommen? Lässt man sich nicht schneiden, beizen, brennen, nimmt bittere Gifte ein, erbricht sich, schwitzt und purgiert und bezahlt noch obendrein diejenigen, die uns so behandeln? Sollten wir denn nicht bereit sein, alles tapfer zu erdulden, wo es den Kampf gilt um ewiges Leben und Gottbewusstsein, von dem wir

durch unser sinnliches Leben abgezogen werden? Sollten wir nicht selbst Schmerzen erdulden, um nicht den Trieben der sinnlichen Natur zu folgen, welche den Heilsgesetzen widerstreiten? Aber es handelt sich hier ja nicht einmal darum, Schmerzen zu ertragen, sondern nur, unnötigen Genüssen zu entsagen.

21. Zahllose Erlöser haben uns klar gesagt, dass man dem Verführer widerstehen müsse durch Wachsamkeit, und wie anders sollten wir unsere Geistesgröße bekunden können, als eben durch das Durchschauen und Durchkreuzen der Absichten des Verderbensstifters! Fürchten? Nein, das brauchen wir ihn nicht, denn er hat keine andere Macht in uns, als die wir ihm einräumen. Der Teufel ist in dieser Welt die allerärmste Kreatur, die nichts in der Welt zum Eigentum hat, als was er sich durch Trug und Betrug von jenen verschaffte, die auf seine Gaukelei eingehen. Er kann uns nur durch Lust verlocken, vermittels jener Organe, in denen wir ihm einen Sitz einräumten, indem wir uns der Herrschaft, der Kontrolle darüber begaben. Christus sagt: Niemand sage, wenn er versucht wird: Ich werde von Gott versucht, ein jeglicher wird versucht, wenn er von seiner eigenen Lust gereizt und verlockt wird!

22. Niemand kann der Arbeit enthoben werden, seinen Leib zu reinigen und reinzuhalten. Nur durch diese Maßregel kann er dem Zwiespalt und Verfall in sich entgehen. Drum wollen wir nicht zögern und frisch und frei ans Werk gehen, eingedenk der Mahnung Mohammeds: Wer sich reinigt, reinigt sich nur zu seinem eigenen Besten! Möchten wir darum seiner weiteren Mahnung eingedenk sein: Esset und trinket von Allahs Gaben und sündiget hinfort nicht durch Verderbenstiften!

> Was euch nicht angehört,
> Müsset ihr meiden,
> Was euch das Innre stört,
> Dürft ihr nicht leiden.
> Dringt es gewaltig ein,
> Müssen wir tüchtig sein!

SECHSTER ABSCHNITT

Mimirs Brunnen als Quelle der Weisheit.

DIE KLÄRUNG

Man fasst nicht neuen
Wein in alte Schläuche, sondern
man fasst neuen Wein in neue Schläuche.

1. Wehe euch, dass ihr das Auswendige des Bechers reiniget, du Blinder, reinige zuerst das Inwendige des Bechers, und so wird auch das Auswendige rein werden! Wehe euch, die ihr übertünchten Gräbern gleichet, welche auswendig zwar schön scheinen, inwendig aber voller Totengebeine und voll Unrat sind. Bedächte man dieses Gebot nicht, so würde der neue Wein verderben, auch die reinste Speise verunreinigt. Denn wie eine Spur Sauerteig eine Menge Mehles zum Gären bringt, so wirken die im Verdauungsschlauch enthaltenen Zersetzungs- und Fäulniskeime auf die Speise.

2. Geht man daran, seinen Leib mit reinem Material aufs Neue zu erbauen, so muss man unbedingt für äußerste Reinlichkeit sorgen, da sonst der redlichsten Mühe Frucht zuschanden würde. Viele Leute, die vom Schauder ergriffen von der Ernährung mit verwesenden Kadavern abließen und sich der reinen Lebensweise zuwandten, haben aus diesem Grunde Enttäuschungen erleben müssen. Durch Ausschaltung der unreinen Nahrung allein, ohne vorherige gründliche Ausrottung des Parasitentums und der eingenisteten Unreinigkeiten kann unmöglich Erfolg winken. Denn nichts hat so große Vermehrungs- und Fortpflanzungskraft, als Parasiten und Unreinigkeit. Böses muss fortzeugend Böses gebären. Luther sagt: Ein

47

weidenes Rütlein kann ich mit einem Messer zerschneiden, aber zu einer harten Eiche muss man eine scharfe Axt und Barten haben, man kann sie dennoch kaum spalten, wie denn eine große Eiche von einem Haue nicht fället. Der Darmsumpf aber ist mächtiger eingewurzelt, als die stärkste Eiche.

3. Wie kommt man nun der Wurzel des inneren Feindes bei? Abführmittel können sie nicht ausrotten. Sie kommen nur als Hilfsmittel bei schlimmer Verstopfung in Betracht, und zwar dann auch nur in dem Falle, wo man nicht in der Lage ist, durch Diätmittel oder durch einen Darmeinlauf Luft zu schaffen. Denn sie richten im Unterleib Zerrüttung an und mehren die Schwäche der Darmnerven. Wer aus Verdruss über das griechische Gesindel, unter dem er lebt, die Stadt mit lauter Arabern und Skythen bevölkern wollte, der würde sehr unsinnig handeln, aber ebenso lächerlich handelt jener, welcher sich, um den Körper zu reinigen, naturwidrige Arzneien, die eher selber einer Reinigung bedürften, mit Gewalt einzwängte, sagt Plutarch.

4. Das vortrefflichste Mittel zur Reinigung ist das Darmbad. Doch muss dieses auf eine Art und Weise angewendet werden, die den Naturgesetzen voll entspricht. Bei gewaltsamem Vorgehen, beim Einzwingen durch Klystiere wird der Schaden eher vergrößert. Die Darmwände, die ohnedies bei jedem Stubenhocker äußerst erschlafft sind, werden durch den Druck, den mehrere Liter eingepressten Wassers ausüben, noch mehr geschwächt. Auch wird sich jeder sagen, dass die in der Regel in der Nähe der Darmpforte angestauten und zusammengeballten Kotmassen, wenn man gedankenloserweise plötzlich drei oder vier Liter Wasser einzwängt, dadurch fast bis an den Magen hinaufgepresst werden müssen.

5. Ein wohlig-wonniges Gefühl der Erleichterung wird dich nach der Reinigung deines Augiasstalles erfüllen und die sogleich eintretende Befreiung des Gedankenlebens und das sichere Empfinden des Wallens kräftiger Lebensströme in Mark und Nerven ist ein untrügliches Zeichen dafür, dass Denkfähigkeit und Munterkeit von den Verhältnissen im Darm abhängig sind und dass deine so oft in Erscheinung tretende Denkunfähigkeit, Schlappheit, Unlust und Faulheit hier entspringen. Je eher du mit der Reinigung beginnst, umso besser für dich. Zögerst du, so wirst du beim ersten Versuch die verlorene Zeit bedauern. Die verlornen Stunden sind die schlimmsten Wunden. Den Einen ist das Gestern höchster Hort, die andern trachten nach dem Morgen fort – doch hört von Oben ich die Stimme flüstern: Ihr Toren, Lohn ist weder da noch dort! Wenn du

belohnt sein willst, so ergreife die fliehenden Stunden und du wirst noch heute gesunden. Drum auch wirke im Heute so eifrig, als ob du nur noch diesen letzten Tag zu leben hättest.

6. Der erste Einlauf darf nicht umfangreicher sein, als ein Halbliter. Der nächste bis zu einem Liter. Die dritte Rate kann drei, ja sogar vier Liter sein. Nach dem ersten, wie nach dem zweiten Einlauf warte einige Minuten und lasse erst nachher den Brei austreten. Du darfst erst weitergehen mit dem Einlauf, wenn du wenigstens soviel Flüssigkeit herausgegeben, als einlief. Zu dem Ende behandle den Bauch sorgfältig mit den Fingerspitzen, bei den untersten Rippen des Brustkorbes beginnend, nach rechts herunter, unter dem Nabel links und auf der linken Seite nach oben, bis zum Ausgangspunkt, mehrere Male. Lege deine Hand dann auf die linke Weiche, mit den Fingern sanft streichelnde Bewegungen ausführend. So wirst du mit Leichtigkeit völlige Entleerung erzielen. Bedenke wohl, dass ein Behalten des Wassers Müdigkeit nach sich zieht, es kann auch Ausschläge auf der Haut hervorrufen. Diese rühren nicht vom Wasser her, sondern von der Aufsaugung der eingetrockneten jahrzehntealten, nun gelösten giftigen Ablagerungsstoffe des Darmes. Daraus kannst du dir eine Vorstellung machen über die lebensgefährlichen Gifte, die in deinem Darme liegen – diese bringen die meisten schweren Krankheiten hervor, wenn sie sich durch irgendeinen Einfluss auflösen, mit den Speisesäften vermischen und ins Blut eindringen. Darum auch wirkt eine weise durchgeführte Darmbadekur überall da wahre Wunder, wo alle Blutreinigungsmittel vergeblich angewendet wurden.

7. Beobachte deinen Stuhl bei der Reinigung sorgfältig. Untersuche seine Bestandteile. So manch Hochnasiger, der sich für rein hielt, wird auf Gewürm stoßen, und alle Leute, die darauf schwören, guten Stuhl zu haben, werden zu ihrem Erstaunen merken, dass Speisereste ans Tageslicht kommen, die von Nahrung herrühren, die vor vielen Tagen genossen wurde. Du wirst hier auch einen klaren Anschauungsunterricht erhalten über die Verdaulichkeit der Speisen. Was du hier als für dich unverdaulich erkennst, das suche beim Kauen stets auszusondern. Die unverdaulichen Hülsen, Gewebe, Fasern und Kernchen tragen viel zur Versäuerung und Fäulnis im Darme bei, weil sie durch Einkapselung von Säften deren Gärung Vorschub leisten, Stauungen hervorrufen, dann dem Ungeziefer Unterschlupf gewähren, überdies entzünden ihre scharfen Kanten die Schleimhäute,

8. Nicht nur hier, sondern nach jedem Stuhlgang sollst du solchermaßen

Diätstudium treiben. Sogar Größen der Medizin lassen sich endlich herbei, auf diesen so selbstverständlichen Kompass hinzuweisen. Ich kann nicht umhin, auf die Notwendigkeit der Mithilfe der Patienten bei der diagnostischen Verwertung der Fäces (des Kotes) hinzuweisen und deshalb den eines denkenden Zeitalters unwürdigen Missbrauch zu tadeln, dass selbst ganz moderne Klosetteinrichtungen so konstruiert werden, dass der Patient seine Fäces (Kot) überhaupt nie zu Gesicht bekommt, während es bekanntlich Konstruktionen gibt, welche trotz vollkommener Geruchlosigkeit und tadelloser Spülung dem Patienten die Besichtigung seiner Fäces gestatten, jeder rationell denkende Arzt sollte gegen derartige, jeder Hygiene Hohn sprechende Einrichtungen protestieren. Ist die Schüssel unpraktisch, so lege einen großen Bogen Papier darein.

9. Der unangenehme Geruch der Exkremente ist ein Zeichen von Fäulnis im Darm, der Kot von Kindern im zarten Alter ist geruchlos. Trachte deine Ernährung so einzurichten, dass du die Fäulnis vermeidest. Der Kotgeruch ist bei Fleischnahrung viel ausgesprochener als bei Pflanzennahrung, sagt eine medizinische Autorität. Dies wird jeder bestätigen, der kein Fleisch isst, und auch, dass die Ausdünstung von Fleischessern jener gleicht, die Ureinwohnern und Raubtieren anhaftet. Denn, wie der Apostel sagt: Ihr Schlund ist ein offenes Grab! Diese Ausdünstung zieht Insekten und Ungeziefer an, das eine ausgesprochene Vorliebe für Fleischesser hat. Dies bringt uns auf den Gedanken, ob nicht die Insekten den Menschen auf den furchtbaren Frevel gegen sich selber aufmerksam machen wollten, der im Verschlingen von Leichen liegt.

10. Der dritte Einlauf muss länger, möglichst lange, gehalten werden. Rhythmischer Atem wird über jeden kritischen Punkt des Entleerungsdranges hinweghelfen. Bei diesem großen Einlauf meldet sich nach dem ersten Liter in der Regel das Empfinden, als ob man nicht mehr Wasser aufnehmen könnte. Stellt man in solcher Situation den Zulauf des Wassers ab, währenddem der Bauch mit den Fingerspitzen bearbeitet wird, so findet man bald, dass nur eine mangelhafte Verteilung des Wassers und die Zusammenballung von Gasen zur schmerzhaften Stauung führte. Sobald dieser Druck gewichen ist, fährt man erst mit dem Einlauf fort. Dieser große Einlauf ist das eigentliche Darmbad, das die vorhergehenden Einläufe vorzubereiten hatten. Keine Angst vor diesem Wasser, mein Freund! Haben dich vier Liter Unrat, welche Menge oft im Darm lagert, nicht umgebracht, so wirds das saubere Wasser auch nicht tun!

11. Dieses große Darmbad erweicht allmählich jene verhärteten Kotmassen

oder Krusten, die die Darmwandungen in Fesseln schlagend, die Peristaltik fast ganz unmöglich, machten. Die schlimmste Darmträgheit ist so nach einiger Zeit zu kurieren. Die Falten der Darmwandungen, die ganz besonders unter der Schmutzkruste leiden, werden entleert und das darin hausende kleinere Ungeziefer herausbefördert. Hei, wie menschlich wirst du dich nach diesem Bade im Jungbrunnen fühlen! Wie rosig-rein wird der Ton deiner Gesichtshaut! Übermäßige Talgabsonderungen, sowie auch die Schilferigkeit weichen wie weggeblasen! Und die Augen werden klar und rein wie das Innere sein.

12. Beim Einlauf liege man erst auf der linken Seite, dann auf dem Rücken am Boden. Das verwendete Wasser muss angenehm warm sein, so zwar, dass deine Finger die Temperatur gut ertragen können. Zu Entzündungen neigende Leute wenden am besten Leinsamentee zur Spülung an. Hat man Geschwüre im Darm, so gebraucht man einen nicht zu starken Tee von Schachtelhalm (Zinnkraut). Gegen Würmer einen Wurmtee, wie Schafgarbe oder Wermut. Im Allgemeinen gibt man zwei Teelöffel Salz auf ein Liter Wasser, dann verwendet man auch schwache Abkochungen von Feldthymian. Poleiminze (Flohkraut). Nach vollendeter Reinigung, sobald das Wasser vollständig ausgeschieden wurde, ist eine kleine Öleinspritzung von fünfzig bis hundert Gramm am Platze. Hierzu kann desinfizierendes Hautpflegeöl verwendet werden. Das Öl verteilt sich im ganzen Darm und heilt alle Entzündungen, Wunden und Geschwüre, die das Ungeziefer und der faulende Unrat an den Schleimhäuten verursachten. Das Öl wird über Nacht behalten. Ein wenig Knoblauchöl, dem neutralen Öl zugesetzt, desinfiziert. Oder man schiebt eine Zehe geschälten Knoblauch in den After.

13. Nach der Reinigung, die am besten in den späten Nachmittagsstunden im warmen Zimmer vorgenommen wird, lege dich nieder und vermeide alles, was eine Erkältung herbeiführen könnte. Eine weiche Gummiwärmflasche aufgelegt, wird viel zur Beschleunigung der Regulation beitragen. Vor der Spülung darf nichts, außer Schleimsuppen, gegessen werden, nachher kann ein aromatisdier Kräutertee ohne feste Zugaben, Leinsamentee mit Zitronensaft oder eine Schleimsuppe genommen werden. Bei Schwindelzuständen, die auf Gasdruck zurückzuführen sind, amte man noch mehr auf die Wärme, bette die Gummiwärmflasche über die untersten Rippen und nehme eventuell ein bis zwei Esslöffel guten alten Kognak mit Salz vermischt, (Ein Deziliter wird mit einem gehäuften Teelöffel Salz im verkorkten Fläschchen so lange

51

geschüttelt, bis das Salz aufgelöst ist.) In solchen Fällen müssen die Leute, von denen Hiob sagt, meine Eingeweide wallen und wollen nicht stille werden, auf eine Diät amten, die Gasbildung ausschließt, gemäß den Ratschlägen in der Zeitschrift „Genius" und in der Diätetik. Auch rhythmische Atmung fördert unser Bestreben.

14. Die Vorrichtung zum Darmbad sei einfach, und praktisch. Die Hauptsame daran ist jener Endteil, der in After und Darm eingeführt wird. Hartgummiansätze, die leicht Verletzungen verursachen, vermeide. Anstatt deren verwende einen meterlangen oder etwas kürzeren dickwandigen, aber sehr elastischen Schlauch mit abgerundeter, geschlossener Spitze, von der in zehn Millimeter Entfernung die zum Austritt des Wassers dienende Öffnung angebracht ist. Der Schlaum wird jedes Mal ordentlich eingeölt und nach Gebrauch peinlich sauber gereinigt. Dieser Schlauch kann bei der dritten Spülung bis zu einem halben Meter weit eingeführt werden. Er wird an dem Hahnen befestigt, der sich am Ende jenes Schlauches befindet, der am Wassergefäß angebracht ist. Prakrisch sind Einrichtungen, die ohne Umstände an jedem beliebigen Wassergefäß anzubringen sind, da sie auch auf Reisen leicht mitgeführt werden können. Ebenso die wenig Raum in Anspruch nehmenden Wasserbehälter aus Gummi, die auch als Wärmflasche verwendet werden können. Sobald du bereit bist, lasse erst ein wenig Wasser durch den Schlauch laufen, einesteils wird er dadurch erwärmt, dann weicht so auch die Luft daraus, die in den Darm gebracht, empfindliche Naturen belästigt.

15. Nun gehe freudiger Erwartung voll an die Tempelreinigung! Sei heiter im Gedenken daran, dass du nun den Thron der Räuber deiner besten Säfte stürzen kannst, dass du fernerhin nicht mehr den Heißhunger tyrannischer Parasiten in dir zu stillen gezwungen sein wirst.

16. Gerade jene Leute, die ihre Hände nach jedem Krankenbesuch sorgfältig desinfizieren, achten am wenigsten auf den inneren Krankheitsherd im Darm. Sie veranstalten aussichtslose Jagden nach Krankheitserregern im Blut, ohne zu bedenken, dass der Darm Grund und Boden der Blutkrankheiten und der Disposition des Blutes zur Erkrankung ist. Schlechte Säfte kommen stets aus dem Darm. Da wir unsere Heilkünstler nicht für so kurzsichtig ansehen, dass sie dies nicht kennen könnten, müssen wir zur Meinung neigen, dass die Ärzte keine großen Freunde der Darmreinigung sind, weil diese sie des Geldes ihrer Patienten berauben würde. Aber auch der Patient findet es bequemer, Pülverchen und Mixturen zu schlucken und last, not least, auch der Apotheker will leben.

17. Eine mächtige Wirkung übt das Darmbad in direkter Weise auf die Geschlechtsorgane aus. Reizbarkeit, der schleichende Brand der Sinnlichkeit und tausend daraus hervorgehende Übelstände verschwinden. Auf die Menstruation hat die durch bessere Funktion bewirkte Erleichterung des Darmes verkürzenden und mildernden Einfluss; das innere Bad darf aber nur vorher und nachher angewendet werden und niemals während derselben. Weißer Fluss schwindet, da keine Überschwemmung mit unreinen Säften mehr in die Lebenssäfte zubereitenden Organe dringt, Knickungen, Senkungen und Verwachsungen heilen rasch, weil der Sack an der Darmpforte, der eng an die Geschlechtsdrüsen gebettet ist, nicht mehr durch ewigen Druck jene furchtbaren Entzündungen hervorruft, deren Folgen diese Krankheiten sind; weil der mit Kot strotzend angefüllte Darm nicht mehr mit seinem schweren Gewicht auf den delikaten Organen lastet. Blinddarmentzündung tritt nicht mehr auf, auch Hämorrhoiden schwinden rasch.

18. Die Reinigung des Vorhofes der Darmpforte ist von eminenter Bedeutung. So oft du ein schwüles, unkontrollierbares Gefühl der Reizbarkeit in den delikaten Organen bemerkst, nehme rasch die folgende Prozedur vor, zu der keine besonderen Vorrichtungen benötigt werden: Netze deinen Finger mit Wasser und schiebe ihn vorsichtig in den After ein. Findest du dort Exkremente vor, was bei solchen Reizungen immer der Fall ist, so entferne sie mit dem Finger. Wasche nachher den Sack so gut es geht aus, führe eventuell erst noch mit der kleinen Ölspritze ein wenig Wasser ein und reinige mit dem Finger. Alsdann spritze ein wenig desinfizierendes Hautregenerationsöl ein, um die Entzündung zu beheben. Du wirst bei dieser Gelegenheit bemerken, wie eng der Darmausgang mit den heiklen Drüsen benachbart ist und welch verhängnisvollen Zuständen man mit dieser Maßregel vorbeugen kann.

19. Der Einlauf einer genügenden Wassermenge ist unbedingt nötig, um alle Darmregionen zu reinigen. Der Dünndarm wird sonst nicht erreicht, jener Komplex, in dem die festen von den flüssigen Bestandteilen des Stuhles geschieden werden. In der Regel findet sich hier eine Ablagerungsstätte alter Schleimmassen, die in zähen, quallenartigen Klumpen jede geregelte Funktion unterbinden. So muss das Wasser, das unter solchen Verhältnissen nicht ganz durch die natürlichen Pforten ausgeschieden werden kann, wie beim Blasenleiden, durch die Poren herausgetrieben werden. Leute mit ewig feuchten, klebrigen Händen sollten dies wohl erwägen. Funktioniert durch die Überanstrengung geschwächt

auch die Haut, dieses Notventil, nicht mehr, so kann die unsaubere Flüssigkeit leicht ins Blut dringen und schreckliche Zustände hervorrufen, bis sie endlich ausgeschieden wird. Die daraus hervorgehenden fieberhaften Reizzustände aber bringen den Menschen an den Rand des Grabes.

20. Die meisten Leute leiden an einer unglaublichen Verschleimung im Darm, aus der Neigung zu Schnupfen und Katarrhen hervorgeht. Der Grad der Verschleimung lässt sich bei den ersten Reinigungen etwa vierundzwanzig Stunden nach der Spülung, beim ersten Stuhlgang feststellen, die losgelösten Schleimfetzen hüllen die Exkremente ein.

21. Das Darmbad muss vom beginnenden Schüler periodisch, alle Wochen einmal, oder als Kur eine Woche lang jeden zweiten Tag durchgeführt werden, jedoch lasse man keinen einzigen der hier gegebenen Winke aus dem Auge. Später, bei reiner Diät, wird das Darmbad in weiter auseinander liegenden Zeiträumen angewendet. Mit aller Intelligenz muss der Strebende nunmehr trachten, geregelten Stuhlgang zu erzielen. Geregelter Stuhl besteht darin, dass du nach jeder Mahlzeit das Verdaute der vorhergehenden ausscheidest. Hasse, Freund, den Sündenpfuhl und sorge drum für guten Stuhl! So wirst du, innerlich rein, auch äußerlich rein erscheinen. Sei mäßig und reinlich – daran kann dich auch Armut nicht hindern. Bedenke die goldenen Worte: Nein! Armut, das ist nicht die Not! Was nutzt ein Bauch mir voller Kot, bleib mir versagt das geist'ge Brot?

22. Zur Regulierung der Darmtätigkeit, die nur durch die Kräftigung der Darmwandungen eintreten kann, sind aber auch andere Maßregeln unerlässlich. Wer die gymnastischen Atemübungen der Atemlehre durchführte, wird bemerkt haben, dass sie direkt oder indirekt in dieser Hinsicht wirken. Seitliche Beugungen in der entsprechenden Atemstellung wirken ganz besonders günstig. Nicht minder jene Bewegungen der Bauch-muskulatur, die der Orientale Bauchtanz nennt, ferner auch der schon erwähnte orientalische (persische) Sitz, Übungen, die im unseren Runen-Werken abgebildet und in allen Einzelheiten beschrieben sind.

23. Man beobachte sich und man wird finden, dass derrhythmische Bauchatem, bei dem die Lungen, denen die volle Ausdehnung, von einem engen Korb zusammengepfercht, unmöglich gemacht wird, sich beim Atmen nach unten hin übermäßig weiten, nicht der Motor ist, der die Verdauungsbewegungen auszuführen hat, wenngleich die Mediziner dies behaupten. Vielmehr liegt der Motor der geregelten Arbeit im Verdauungsschlauche selbst. Wer diesen Motor wieder in Tätigkeit bringt, wird auch seinen Atem verbessern. Denn nur die Widerstandsunfähigkeit

des Darmes gestattet den Bauchatem.

24. Darmträgheit beeinträchtigt in jedem Falle die Tätigkeit der Veredelungsbezirke der Genitalien durch den Druck der darauf lastenden Fäkalmassen, deren Fäulnishitze die Funktion der Genitalien schwer beeinträchtigt. Bei einer wirklich normalen Darmtätigkeit sind Stauungen mit Folgen dieser Art ausgeschlossen. Man befleißige sich darum, durch tägliche Darmmuskelübungen dieses wichtige Ziel zu erreichen. Ausschlaggebend bleibt aber eine naturgesetzlich geregelte, nach dem Erfordernis der Jahreszeiten durchgeführte, verfeinerte Ernährung, wie sie unsere Heildiätetik für jeden Monat angibt. Wer die Mühe des Studiums nicht scheut, wird zu seiner Überraschung bemerken, dass die zarathuschtrische Heildiät nicht nur eine Erhöhung der Gesundheit erzielt, sondern auch die Steigerung des Genusses bei verminderter Zubereitungsarbeit und bedeutend verbilligten Kosten. Es ersprießen daraus Vorteile in jeder Hinsicht, die man niemals erwartet hätte.

25. Eine weitere Übung zur Lockerung der Hüftpartien. Stelle dich mit beiden Füßen flach auf den Boden und bewege sie seitlich, bis sie in fünfzig bis hundert Zentimeter Entfernung von einander kommen, sodann atme ein, strecke die Arme wagerecht nach vorn aus, schwinge den Oberkörper so weit als möglich nach links und lasse ihn in die ursprüngliche Lage zurückschnellen. Ausatmen, einatmen und die gleiche Bewegung nach rechts ausführen. Die Bewegung, die eine reine Hüftbewegung sein muss, wird siebenmal nach jeder Seite unter strenger Beachtung der Atemregel ausgeführt, ohne den unteren Körper aus seiner Stellung zu bringen.

26. Lasse dich bei deiner heilbringenden, heiligen Regenetationsarbeit von dem Gedanken leiten: Möge ich fürderhin wachsen und alle in mir kristallisierten Intelligenzen entwickeln und entfalten, um meines Herzens innigsten Wunsch zu erreichen! Sei tapfer und überwinde wie ein Held alle Hindernisse eingedenk der Worte:

> Lass den Schwächling angstvoll zagen
> Wer um Hohes kämpft, muss wagen:
> Leben gilt es, oder Tod!

SIEBENTER ABSCHNITT

Das Opferfeuer brennt für die Weisheit.

DAS OPFER

Wiederum erlangt
man das Himmelreim wie jener
Kaufmann, der schöne Perlen suchte. Als
er nun eine köstliche Perle fand, ging er hin, ver-
kaufte alles was er hatte, um diese Perle zu erwerben.

1. Gebraucht der Zeit, sie geht so rasch von hinnen! Und zögert nicht, lass stürzen, Herz, was nicht mehr stehen mag und bau dir eine neue Welt, bau sie tief und innen luftig, stolz und weit – strömen und verrinnen lass die alte Zeit.
2. Nach diesen Reinigungen finden wir, wie unendlich wohl dem ganzen Leib wird, wenn der Darmkanal rein ist und normal arbeitet. Wir fühlen deutlich, wie die Lebenssäfte nunmehr kräftiger durch alle Glieder strömen, und da verstehen wir auch, den unschätzbar großen Wert der alten Fastenvorschriften. Das Fasten dient nicht nur zur Erholung des Leibes, sondern auch zur Ausbreitung der Herrschaft des Geistes, zur Herstellung des Regiments der Seele, zu psychischer Harmonie. Es hat darum keinen Wert, bei schlechter Gemütsstimmung zu fasten – hier darf nie Zwang maßgebend sein sondern ein von Freude getragenes Gefühl jener Überzeugung, dass uns unendlich große, auf anderem Wege niemals zu erlangende Vorteile daraus erwachsen. Denn dass ihr fastet, es tut euch gut, wenn ihr es begreift, betont Mohammed.
3. Die Buße und das Opfer, das wir mit dem Fasten zu unserem eigenen besten darbringen, muss in richtigem Geiste geschehen. Sonst hätte das

Fasten nicht nur keinen Wert, sondern es würde schaden. Meinet ihr, dass mir solches Fasten gefällt, da der Mensch sich selbst einen Tag lang quälet und seinen Kopf hängen lässt wie ein Schilfrohr und sich in Sack und Asche kleidet! Willst du das Fasten nennen?, lässt Jesaja seinen Gott sprechen. Und Rabbi Jesus fordert: Wenn ihr fastet, so sollt ihr nicht finster drein sehen, wie die Heuchler. Wenn du fastest, so salbe dein Haupt und wasche dein Angesicht, damit das Fasten von den Leuten nicht bemerkt wird.

4. Es gab nicht nur in der alten Zeit, sondern es gibt heute noch Toren, die vermeinen, dass eine Gottheit hinter den Wolken an ihrer Pein Freude habe und dass das Fasten verordnet sei, um die Menschen zu quälen. Im Gegenteil sind uns Fasten verordnet, damit unsere im Darm entspringende Höllenpein ein Ende habe. Diese guten Leute gehen zumeist während der Fastenzeit öffentlich in Sack und Asche, sie reiben sich die Augen mit dem Saft der Zwiebel ein, um Krokodilstränen der Zerknirschung zu erzielen, daheim aber lachen sie sich ins Fäustchen und opfern ihrem Gott, der „Bauch" heißt. Dann renommieren sie bei allen Bekannten mit ihrer Ausdauer. Wie viel solcher Leute gibt es nicht, die vorgeben, drei und vier Wochen gefastet zu haben? Doch, euer Lohn ist dahin, ihr Heuchler!

5. Wem spielt ihr eigentlich eure Narrenpossen vor – wen schädigt ihr mit eurem Betrug? Doch nur euch selber. Weil die Erkenntnis wir der Wahrheit nicht erleiden, bewegt uns ein Trieb, uns ewig zu verkleiden. Doch ob wir wie der Blitz in neuen Kleidern stehn – es gibt ein Aug, das sieht uns ewig nackend gehn! Andere wiederum, die davon überzeugt sind, dass das Fasten gut tut, fügen sich damit in Unkenntnis der Gesetze Schaden zu. Es ist selbstverständlich, dass das Fasten Fleischessern zur furchtbaren Qual werden muss. Denn böse Geister stechen und zwicken sie dann mit Glutgabeln an allen Ecken und Enden! Die zahllosen Würmer und anderen Parasiten in ihnen, die in stetem Heißhunger ewig neue Nahrung heischen – denn nicht einmal sie sind mit der Darmkloake zufrieden – greifen in ihrer Gier die Darmwände an, so dass der Mensch meint, er müsse Hungers sterben, wenn er nicht schleunigst etwas verschlinge. Doch ist das nicht sein Hunger, sondern der seiner Untermieter, seiner bösen Geister, die er sich durch die Verletzung des Lebensgesetzes „du sollst nicht töten", durch Leichenverzehren, selbst einverleibte.

6. In dieser Beziehung müssen auch die Unschuldigen mit den Schuldigen leiden, denn menschliche und tierische Fleischverzehrer verbreiten mit ihren Exkrementen Wurmeier und andere Krankheitserreger, die auf dem

Wege damit gedüngter Felderzeugnisse oder durch anderweitige Übertragung in den Verdauungsapparat von Nichtfleischessern gelangen können. Darum sorge man in jedem Falle vor längerem Fasten für Reinheit im Verdauungsapparat und faste erst nach dieser Arbeit. Es sind Fälle bekannt, dass Leute starben, weil sie zwei Tage hungern mussten, doch sie gingen nicht am Fasten sondern an dem Hunger ihrer gefräßigen Darmgäste zugrunde, die schließlich, in Ermanglung besserer Nahrung, ihren Wirt aufzehren, wenn er ihnen den Tisch nicht decken will.

7. Der Mensch kann nicht nur zwei Tage fasten, sondern auch vierzig. Immerhin braucht es, ehe man an ein länger dauerndes Fasten geht, auch eine Lebensweise, die innere Reinheit gewährleistet. Von Jesus und auch von Moses, Mohammed und anderen Erlösten sind uns leuchtende Beispiele der Wirkung längerer Fasten überliefert. Sie erzielten durch vierzigtägige Fasten völlige Klarheit des Geistes und die Wiedergeburt.

8. Ganz besonders ist der Frühling zu solchen Kuren günstig. In der Regel ist es für jedermann von Vorteil, an einem Tag der Woche zu fasten, am klügsten am Freitag, um einen recht heiteren und lichten Sonntag zu haben. Die Donnerstag-Abendmahlzeit vergesse man einzunehmen und denke den ganzen folgenden Tag statt ans Essen daran, dass dieser Tag nun seinem Namen Ehre machen wird, indem er freier macht. Die Verdauung bessert sich durch ein zur Gewohnheit gewordenes Freitagsfasten bedeutend, denn die Arbeiter des Leibes werden das Baumaterial aus der Speise nach einem Ruhetag viel sorgfältiger gestalten und bilden. In diesem Geiste und nicht anders fasse das Fasten auf. Warte nicht mit dem Fasten, bis schwere Krisen auftreten, bis deine Organe streiken, um dich zu einer Esspause zu zwingen. Allen Medizinern ist bekannt, dass es bei den allerverschiedensten Krankheiten (automatisch) zu einem mehr oder minder vollständigen Hungerzustand kommt. Doch wohl dem, der es vorzieht, statt es erst durch Krankheit zu Lebensgefahr, zu unheilbaren Zerstörungen in sich kommen zu lassen, aus freiem Willen, im Bewusstsein des großen Vorteiles zu fasten.

9. Doch werde man nicht selbstzufrieden und müßig nach dem Fasten. Man suche nicht nur unentwegt den errungenen Zustand der Reinheit zu erhalten, sondern man wache eifersüchtig darüber – hier sollst du eifern! – dass er sich mehre. Rabbi Jesus zeichnet uns das Bild jener, die wie Strohfeuer aufflammend, eine zeitlang an sich arbeiten, alsdann aber müßig dahinlebend in einen noch schlimmeren Sumpf geraten, in ergreifender Weise: Wenn der unreine Geist ausgefahren ist, so durchwandert er

wasserlose Stätten, sucht Ruhe und findet sie nicht. Dann spricht er: Ich will zurückkehren in das Haus, aus dem ich gegangen bin. Und wenn er kommt, findet er es gesäubert und geziert, aber müßig. Alsdann zieht er hin und nimmt mit sich sieben andere Geister, die schlimmer sind als er und es wird mit diesen Menschen ärger als vorher!

10. Während des Fastens hege tapfere Gedanken. Ein fröhlich Herz fördert die Genesung! Lass dich von dem lauernden Geist der Entmutigung nicht übermannen. Rufe ihm zu: Hebe dich hinweg! Und denke: Wir wollen frei sein, wie die Väter waren – eher den Tod, als in der Knechtschaft leben! Und: Ich kann sterben, aber dienen kann ich nicht – frei will ich bleiben und achte den Tod nicht! Und spreche zum Versucher die Worte Jesu: Der Mensch lebt nicht vom Brot allein, sondern von einem jeden Wort, das aus dem Munde Gottes ausgehet! – Nur wenn Er seinen Geist und Odem wieder zu sich nähme, würde alles Fleisch miteinander vergehen und der Mensch zum Staube kehren! Dieses Wort Gottes, sein Hall, Geist und Odem ist der Atem. Der Atem bietet dir Nahrung und Kraft genug, wenn du seiner eingedenk bist. Nicht umsonst sagt Rabbi Jesus vom Geiste der Unreinheit: Diese Art fährt durch nichts aus, es sei denn durch Fasten und Beten!

11. Und Beten – heißt Atmen; Atmen mit der größten Intensität und Konzentration. Durch das tiefgründige aber bedachte Ausstoßen der schlechten, unreinen, das Böse verkörpernden Substanz aus den Lungen wird Platz für die reine Atemluft geschaffen. Auch hier erweist sich die Notwendigkeit der vorhergehenden Reinigung. Wie beim Essen, so kann hier ein Senfkorn Unreinheit eine Riesenmenge Luftnahrung infizieren. Und eben durch die hier stattfindende Vergiftung der reinen Atemluft dringt der unreine Geist, der herausbefördert hätte werden sollen, mit ihr vermischt, aufs Neue ins Blut. Er fährt in jene reinen Lebenskeime, die zur weiteren Läuterung und Beseelung durch den Odem im Blute in die Lungen pilgern. Und weil es der Geist ist in den Menschen und der Odem des Allmächtigen, was sie verständig macht, so wundert es uns nicht, wenn die meisten Menschen, die nicht voll ausatmen, ewig in den Klauen des alten Geistes, des Unverstandes, gebannt und gefangen bleiben.

12. Wie in der Atemlehre erklärt, wirkt das Atmen in Tönen (Runen), gesprochen oder gesungen, als Mittel der Erlösung; und mit je innigeren, festeren und bestimmteren Gedanken wir der Ausatmung Nachdruck verleihen, umso kräftiger kann der neue Geist, die Rune, kann die göttliche Kraft in uns einziehen. Nicht durch protziges Aufblähen in der Absicht,

einen Rekord zu schlagen, sondern im Gedanken der entschiedenen Absage an das, was den Druck und alle Schmerzen ausmacht, ziehen wir ihn in uns ein in leichter Weise, den Geist der Erlösung, wie Mohammed sagt.

13. Es kommt also auf die Konzentration an, darauf, dass wir das Ziel unsrer Arbeit vor Augen haben. Die aus diesem Bewusstsein geborene entschlossene Handlung ist der Schlüssel zu erfolgreichem Beten. Man wird nicht erhört – man erhört sich selbst! Darum auch kommt alles auf die Konzentration beim Beten an, und nicht auf schöne Worte ohne Kraft. Ainyahita, einer Erlöserin wird nach erfolglosem Beten offenbart: Wohl ist deine Sprache geziert und deinen Ohren schmeichelnd, doch bedenke, es sind nicht die Worte, sondern es ist der Geist, es ist nicht die Rede, sondern das innige Bewusstsein im Herzen, was den Gedanken ausmacht und seine Kraft bildet.

14. Wir könnten auch sagen, es ist kindlicher Glaube und Vertrauen, es ist die Zuversicht, was im Gebete zum Ausdruck gebracht werden soll. Jedoch ist das Wort Glaube so sehr missbraucht, dass man es anwendet, um meinen und vermuten zu sagen, was eben das Gegenteil des Glaubens ist. In diesem Sinne hat das Wort Geltung: Euch geschehe nach eurem Glauben! Wenn die Mehrzahl mit dem *richtigen Beten* keinen Erfolg hat, so fehlt der Glaube, die kindlich-treuherzige Zuversicht. Das energische Loslösen vom dumpfen Geist durch Ausatmung. Wie Jesus es ausdrückt: Dieses Volk ehrt mich mit seinem Munde und ehrt mich mit seinen Lippen, aber sein Herz ist fern. Mit dem Dichter müssen wir gestehen: Kein Tyrann verwahrt dir den Weg zum Heil, sondern das Widerstehn, der Eigensinn, verkümmern herrlichsten Gewinn!

15. Doch wie schwer, wie unausführbar schwierig scheint den meisten Leuten dieser Glaube zu sein, der die Befreiung des Herzens bedeutet! Als ob das Wort Mohammeds auf sie zuträfe: Ihre Herzen aber verhärten sich und wurden zu Stein und noch härter. Ihnen kann nicht eher geholfen werden, als bis ihr Herz rein und der Glaube in ihrem Beten wirksam wird. Darum auch gaben uns alle Erlösten Anweisung zu konzentriertem Beten. So sagt Mohammed: Und bete nicht zu laut, und auch nicht zu leise, sondern halte den Weg dazwischen inne, und Spitama Zarathuschtra sagt: Irrlehrer tragen ihre Gesänge schreiend vor. Jeder *Misston* beim Beten stört die Verbindung, die Harmonie aller maßgebenden Faktoren, hält die volle Ausatmung auf und hindert am Fortschritt. *Wahrlich, Tod und Leben stehen in der Zunge Gewalt!*

16. Eingedenk der Maßregeln können wir munter und fröhlich jenen

besseren Zuständen entgegenstreben. die unser Herz so innig herbeisehnt. Und auf diesem Pfade hilft uns das Gebet. Ja, fürwahr, das mache ich mir zur Waffe, das zur Wehr, das Gebet, welches der guten Gesinnung entstammt, dessen Ursprung das Gutgedachte ist und das Gutgesagte und das Gutgetane. Es helfe uns, damit wir bald auf jene Stufe gelangen, wo wir aller Welt aus Erfahrung bezeugen können:

Habt ihr Erd´ und Wasser so im Reinen,
Wird die Sonne gern durch Lüfte scheinen,
Wo sie, ihrer würdig aufgenommen,
Leben wirkt, dem Leben Heil und Frommen!

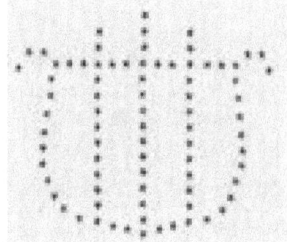

Das Bild der tönenden Harfe als Runensymbol.

ACHTER ABSCHNITT

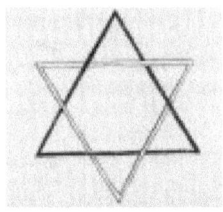

Der Ausgleich zwischen Mikro- und Makrokosmos
wird durch die Hagal-Rune (Metatron) dargestellt.

DER EINKLANG

Darum sollt ihr
vollkommen sein, wie euer
Vater im Himmel vollkommen ist.

1. Das Attribut der Göttlichkeit gibt sich in einer Wirksamkeit, in einem
Handeln und Wandeln kund, wie es in der Strahlung der hehren Sonne zum
Ausdruck kommt, die alle Entwicklungsstufen der Erde fördert und deren
Bedürfnissen gleichermaßen gerecht wird, denen der Atmosphäre, der Erde,
des Pflanzenreims und des Tierreichs. Allüberall ist das Prinzip ihrer
Einflussnahme die Förderung nach dem von dem Geschöpf erstrebten
Ziele, und das göttliche Licht ist nicht parteiisch, es macht keinen
Unterschied. Obgleich es dem stumpfsinnigen Betrachter anders scheinen
könnte. Die Fülle der Gnade ist so großmächtig, dass jedes Geschöpf aus
diesem Borne unbeschränkt schöpfen und so viel in sich aufnehmen kann,
als es nur vermag, je nach seinem freien Willen.
2. Der Mensch, der die Elemente des Luftreims voll und ganz und
zielbewusst aufnimmt, vermag über hundertmal mehr jener wunderbaren
geistigen oder elektrischen Kräfte zu verfügen, als der hierfür
Gleichgültige. Und es gibt keine Schranken für seinen Aufstieg. Unzählige
Persönlichkeiten sind Zeugen hierfür. Doch statt sich Rechenschaft darüber
abzulegen, wie diese es anfingen, um ihre hohe Stufe zu erreichen beliebt
es solche Leute als Wundertiere anzustaunen.

3. In dieses uns heute mysteriöse Prinzip des Geistes müssen wir mit offenen Augen einzudringen suchen. Da es nichts Neues unter der Sonne gibt, weil ja alles aus ihr hervorgegangen ist, müssen wir in allem Neuen, Unbekannten nur Unerkanntes, von uns Unentdecktes, von uns selber noch nicht gründlich Beobachtetes erblicken. Sobald wir es durchschauen, wird es uns natürlich erscheinen, vielmehr, erst dann ists für uns so. Aber Nutzen werden wir erst dann davon haben, wenn wir uns nicht mit dieser Entdeckung der Erscheinung an sich zufrieden geben, sondern auch die Gesetze ihrer Existenz, ihr Verhältnis zu anderen ergründen und uns bei jeder Gelegenheit, die uns damit in Verbindung bringt, streng danach richten. So wie es einem Tier nichts nützt, ein Automobil wahrzunehmen, es zu besitzen, da dieses erst wertvoll wird, wenn es in Kenntnis seiner Lebensgesetze richtig benutzt wird. Ebenso ist dem sinnlosen, stumpfsinnigen Menschen, der zwar unendlich komplizierte, aber nach präzisen Gesetzen meisterhaft regulierte Weltorganismus nur ein wunderbares Phänomen eine zwar ehrfurchtgebietende, aber unbegreifliche Sache, vor der er weniger Respekt als Furcht empfindet.

4. Sobald er aber das dem Weltenorganismus zugrundeliegende, alles Wirken regulierende Gesetz erkennt und auch seine naturnotwendige Stellung zu ihm einnimmt, und die guten und bösen Folgen seiner Handlungen begreift, wird ihm kein Schaden geschehen. Wie der Wilde nicht unter dem höchsten Baum Schutz vor dem Gewitter sucht, weil er weiß, dass der Blitz sich dort gern entlädt, so wird er alle ihm schädlichen Handlungen vermeiden. Der weiterdenkende Mensch aber beobachtet die Gesetze eben dieser elektrischen Gewalt, die in den Augen des Wilden dem sinnlosen Walten wilder Dämonen zu unterliegen schien, und anhand dieser Kenntnisse bringt er mit diesem Element Licht, Wärme und Kraft hervor.

5. Ist unser heutiges Leben nicht ein kindisch-plumpes Tappen in fremde Wirkungskreise, ein ewiges Anstoßen gegen die Ordnung der Natur? Ist nicht alles, was wir hier erleiden müssen, die Folge der Verletzung der Gesetze und darum uns von uns selber zugefügt? Wir ergrimmen darüber, wenn wir von den Geschädigten auf unsanfte Weise auf unseren Fehltritt aufmerksam gemacht werden. Und anstatt an unsere Brust zu schlagen und den Vorsatz zu fassen, den Lebensgesetzen von nun ab gerecht zu werden, anstatt dessen befehden wir die Erscheinung in wildem Grimm und Hass. Wir nehmen eine Stellung ein, die des Menschen als denkenden Geschöpfes unwürdig ist, eine Stellung, dass uns hierin selbst tiefe Stufen des Tierreiches überragen.

6. So hat sich der Mensch ein Myriadenheer von Erbfeinden geschaffen, und im fruchtlosen, aussichtslosen Kampfe mit diesen verfliegen seine Jahre. Hier gilt das Gesetz: Aug um Aug, Zahn um Zahn und wir sehen den Menschenorganismus aus unzählbaren inneren und äußeren Wunden bluten und verbluten. Don Qyixote ist in diesen tobsüchtigen Streitern lebendig. Zu den äußeren Feinden kommt noch der verwirrende Zwiespalt inneren Haders im eignen Hause. Zwischen Scylla und Charybdis schwimmt sein kompassloses Schiff dahin – wer wird es wohl verschlingen?

7. Niemand und nichts kann sein Lebensschiff vor frühzeitigem Scheitern bewahren, als er selber, indem er den Organismus seines Schiffes kennen lernt und auch die Gebiete, durch die er sein Fahrzeug zu leiten hat in den ersehnten Hafen. Er muss Allem gerecht werden, und dokumentiert er dadurch seine Rangstufe als Mensch, so wird ihm Alles dienen. Er muss aufhören, die Welt mit der roten, blauen oder gelben Brille zu betrachten, ausschließlich dem materiellen, idealen oder wissenschaftlichen Gesichtspunkte gerecht zu werden, er muss den Partikularismus, die Parteienwirtschaft in sich überwinden.

8. Der Mensch auf der materiellen Stufe, der die Welt ausschließlich mit seiner roten Brille beurteilt und nach dem Geldmaß wertet, vermeint nur das zu besitzen, was er sich durch irgendwelche Manipulation gesichert hat, er will offenkundiger und unbeschränkter Eigner der Herzen und Güter sein. Wohl mag ihm dieses Streben Erfolge bringen, doch es sind stets Besitztümer, die ihn zu ihrem Sklaven machen, denn sobald er sie nicht aufmerksam genug behütet, zerfallen sie zu Staub und Asche oder werden von Schelmen entführt. Es hängt sein Herz an Dingen, die ihm niemals angehören können, denn auch auf der höchsten Stufe des materiellen Besitzes ist nichts er weiter als der Hüter seiner Schätze. Er muss seine kostbarsten Stunden im Kampf um den Erwerb und die Erhaltung dieser Güter opfern und sie letzten Endes doch in den Händen lachender Erben zurücklassen.

9. Nicht besser ist der Intellektuelle daran, der den Schatz der Meinung von Autoritäten ähnlich behütet und nur glücklich ist, wenn er sich mit ihren Talmi-Perlenschüren kokett geschmückt von aller Welt bewundert fühlt. Nach Ehre und Autorität strebt er und erweist sich, wie der Materielle im Streben nach Anhäufung von Schätzen, unersättlich. Über der Anbetung dieses seines Götzen übersieht er seine bejammernswerte Lage und verpasst die Lösung seiner Lebensaufgabe.

10. Der Spirituelle gar hängt an eingebildeten Schätzen der Hoffnung, an

deren Existenz er vom Hörensagen her glaubt, indessen träumt er noch den seligsten Wahn, denn während der Materielle seine Güter verlieren kann, und ebenso dem Intellektuellen sein einst als Stein der Weisen erschienenes Juwel eines schönen Tages zur Asche wird, kann dem Spirituellen das Feenreich der Einbildung und der blühende Garten seiner Phantasie kaum geraubt werden.

11. Wehe dem Menschen, der sein Herz an nichtige Dinge hängend, ihnen seine Seele verschrieben hat – am Tage des Erwachens wird ihn darob Entsetzen erfassen. Doch dann kann sein Wunsch: Ach, könnte ich doch dieses Leben wieder von vorn beginnen, nicht mehr erfüllt werden. Wie gerne wollte er da glauben, das Leben sei nur ein wüster, böser Traum gewesen! Doch die Bilanz seines Wirkens belehrt ihn dessen, dass es Wirklichkeit war und dass er die tausend wunderbaren Gelegenheiten zum Aufstieg in die höchsten Reiche des Daseins unwiederbringlich verpasste.

12. Aus diesem Traum erwachen die Menschen plötzlich in der Stunde ihres Abschieds, nur um zu erfahren, dass sie das Leben verschlafen haben und eine goldene Gelegenheit verloren, die sie nun wieder einholen müssen, indem sie durch das Labyrinth der Verlassenheit wandern. Wie einer, der im Frühling auszog, die blumigen Matten des Hochgebirges zu erreichen und unten im Tal die Zeit bis zum Winter vertrödelte, so wird ihm der Aufstieg zu den paradiesischen Gefilden von elementaren Gesetzten verwehrt sein.

13. Darum nutze deine Stunden und folge den großen Erlösern. Folge irgendeinem von ihnen, dem, der deinem Herzen am nächsten steht. Mohammed sagt: Hefte deine Blicke nicht auf das, was wir einigen von ihnen gewährten um sie damit zu prüfen – auf Flitter des irdischen Lebens! – Denn, wenn der Tod einem von ihnen naht, wird er sprechen: Mein Herr, sende mich zurück, auf dass ich Gutes tue, was ich unterließ! – Keineswegs, siehe, das ist das Wort, das Er da spricht.

14. Goethe stellt uns die Spuren der in Nichts versunkenen Geschlechter der Vergangenheit vor Augen: So laufen wir nach dem, was vor uns flieht und achten nicht des Weges, den wir treten, und sehen neben uns der Ahnherrn Tritte und ihres Erdelebens Spuren kaum. Wir eilen immer ihrem Schatten nach, der göttergleich in weiter Ferne der Berge Haupt auf goldnen Wolken krönt. – Mohammed drückt das Gleiche kürzer aus: Siehe, sie fanden ihre Väter im Irrtum vor und folgten eilends ihren Spuren. Was ists denn, fragt sich der denkende Mensch, was alle Welt an dem vom Innersten heiß ersehnten Fortschritt hindert, was sie mit magischer Gewalt

zu bestimmten Denken, Reden und Handeln zwingt, was ist die zwingende Macht, die auch mich selber so oft mit unsichtbaren, ehernen Banden hindert, das als richtig Erkannte durchzuführen? Was ists, was mir verwehrt, den als gut erkannten Pfad zu beschreiten? Und das Nachdenken sagt uns: Nicht sind es die äußeren Verhältnisse, es ist ein Faktor im eigenen Leibe, der uns durch Ablenkung, klügelnde Überredung und Einschläferung auf einem toten Punkt zu erhalten sucht. Dieser Faktor gebietet uns Nachahmung und Nachäffung des Tuns und Treibens aller Welt, seis des gefüllten Futtertroges oder ihrer Achtung willen.

15. Dieser Faktor dämpft und löscht in konsequent unterwühlendem Bemühen allgemach den Idealismus der Jugendjahre und bringt uns dazu, dass auch wir schließlich genau demselben Berufe des Raubrittertums, des Autoritätendünkels, des Muckertums oder des Phantastentums verfallen, den wir einstens im Lichte unsrer reinen Herzensglut als falsches Ideal erkannt hatten. Er macht uns schließlich zu seinen unduldsamen Sklaven und Schergen, die sich zu ihrer Rechtfertigung gezwungen fühlen, die eignen einst gehegten Ideale zu bekämpfen, sie lächerlich zu machen und ihr Träger zu unterdrücken.

16. Die selbstherrliche Macht in uns, die alle Liebesmühe der Seele zunichte zu machen sucht, ist uns von unsrer Mutter eingefleischt worden und sie ists, was wir zu überwinden haben. In der Zeit seines Werdens im Mutterleibe geht der Mensch durm alle Entwicklungsstufen durch, alle geistigen Organisationen des Pflanzen- und Tierreiches, um bei ungehemmter, ungestörter Entwicklung zum vollendeten Menschen zu werden. Wird aber der glatte Verlauf dieses Prozesses gestört, tritt darin ein gewisser Stillstand ein, so schafft sich die zu dieser Zeit höchste Entwicklungsstufe eine überragende Macht.

17. Ein tiefer Eindruck, ein Schreck von faszinierender Gewalt, kann diesen Stillstand zu irgendeiner Zeit des Entwicklungsganges herbeiführen. Nach der Geburt nun äußert sich das Streben jenes Organkomplexes, der sich zu überragender Macht entwickeln konnte, der Leitung des Wesenskernes spottend und des Rechtes der anderen Organgruppen nicht achtend, das Leben und Streben des Menschen zu beherrschen. Er wirft sich zum Tyrannen über ihn auf und sucht seine Macht immer mehr zu befestigen durch die Anziehung von gleichartigem Streben beseelter Intelligenzen und durch Panzerung mit dienstfertigen Substanzen.

18. Dieser leitende Gedanke überzieht das Innere mit schweren geistigen Kämpfen, was gesundheitliche Krisen hervorruft, und nach außen hin wirkt

er in fanatischer Verfolgung seiner einseitig gesteckten Ziele in Ermanglung der völligen Erkenntnis verheerend. Dieser Gedanke und sein Streben und Wirken ist nicht menschlich, denn er ist nicht die Äußerung der Gesamtheit der zum Leib organisierten Intelligenzen des ganzen Wesens, sondern die Idee einer pflanelichen oder tierischen Organisationen, die den ihr eigenen, für ihre Art typischen Neigungen und Zielen folgen muss.

19. Bedenke darum stets Ibsens Wahrwort: Leben heißt, dunkler Gewalten Spuk bekämpfen in sich. Wer dies erkennt und im Besitze des Schlüssels zum Reiche der Kraft, das Ringen nach Recht und Gerechtigkeit in sich erfolgverheißend aufnehmen kann, ist auf dem Wege zur Wiedergeburt. Je mehr Kraft er den unterdrückenden Regionen in sich zuführt, umso besser bereitet er den Boden vor für die Aufnahme der Wasser des Lebens, die einen gleichmäßigen Ausbau herbeiführen werden, der sie in Stand setzt, ihr Streben und Wollen zur Geltung zu bringen. Mögen wir darum der befreienden Macht des Atems stets eingedenk bleiben und aus ihr jenen Nutzen ziehen, wie so Viele vor uns, die erkennend ausriefen: Die Luft ist nichts anderes, als bewegtes, tätiges Leben; sie ist das Leben der Natur.

20. Die dreifältige Natur des Intelligenzenreiches der Talente entspringt der Dreiteilung der Arbeit, der Beurteilung des Lebens von drei Gesichtspunkten, die den verschiedenen Entwicklungsstufen in der Natur entsprechen. Während dem Hirn die beurteilende Tätigkeit zufällt, während hier die Entschlussfassung geschieht, bildet der Leib dessen Exekutive. Der Prozess der Entschlussfassung setzt sich zwiefach zusammen: Die linke Seite des Hirnes ist der Sitz des Wahrnehmungsvermögens, die rechte der des Erinnerungsvermögens.

21. Der Wirkungskreis der materiellen Partie des Hirnes ist die Beurteilung aller Dinge vom praktischen Gesichtspunkt. Ist dieses Talent überentwickelt, so schätzt oder verwirft der Mensch alles nach dem materiellen Werte. Von einem Tisch beispielsweise wird er sagen: Es ist praktisch gefertigt, aus dauerhaftem, festen Holz erbaut, solid gestrichen und ist so und so viel Geld wert. Der spirituell überentwickelte Mensch wird von der idealen Seite entrückt sein, er sagt, der Tisch, ist von herrlicher Form, ist mit schöner Farbe gestrichen. Der Intellektuelle würdigt die technische, mathematische, konstruktive Seite und meint: Der Tisch ist exakt kreisförmig gebaut, seine Masse und Proportionen sind korrekt. Oder aber wird jedes Naturell entsprechend seiner Auffassungs-fähigkeit dieses oder jenes am Tisch auszusetzen haben. So wird die Veranlagung auch in jeder Arbeit zum Ausdruck gelangen.

22. Daher rührt auch alle Meinungsverschiedenheit. Die einen schwören darauf, ihre materielle Weltanschauung sei die einzig richtige, die zweiten halten nur das Errechnete für richtig, die dritten folgen den Bildern der Phantasie. Und eines verachtet und verspottet die Ideale des Anderen. Darum auch ist, solange die Einseitigkeit der Entwicklung nicht ausgemerzt wird, ein gegenseitiges Verstehen der Leute untereinander total unmöglich. Es ist gleich schlimm, wenn das Materielle mit brutaler Rechthaberei dominiert oder ein anderer Faktor, in jedem Falle muss der Mensch ein trauriges, aber für den denkenden Zuschauer lächerliches Dasein als armer Tropf führen. Für seinen Dünkel kämpfend und streitend ist er zu einem unsteten, friedlosen Dasein verurteilt.

23. Er führt im Grunde den Kampf gegen sich selber, wenn er seine einseitige Meinung in der Umwelt durchzudrücken sucht. Denn er verbraucht hierzu seine eignen Kräfte und hemmt seinen Fortschritt, der mit dem Wohl und Wehe der ganzen Menschheit innig verknüpft ist. Jeder Kampf und Streit, den wir nach Außen hinführen, bedeutet ein Aufzehren der eignen Kräfte, und so ist auch der prächtigste Triumph nach Außen im Inneren ein Pyrrhussieg. Du nimmst doch deine eigenen Geisteskräfte in Anspruch, die schickst du in den Streit, in dem ein Teil von ihnen vernichtet wird. Sobald dein Arsenal erschöpft sein wird, ist das Schachspiel zu Ende, und wehe dir, wenn du zu einem Matt erwachest! Denn der Einsatz macht dich zum Sklaven deines Gegenpartes. Weißt du was dieser Einsatz ist? O suche den Schlüssel des Mysteriums zu erfassen. Hebe deine Augen empor, hefte sie weg von diesem faszinierenden Ringen – es ist dein Recht, diese Partie zu unterbrechen – o überlege, blicke ruhig hinauf zu den ewigen Leuchten am Himmelszelt und du wirst erkennen, dass du um dein Erstgeburtsrecht spieltest! Wer Verstand hat, der begreife!

24. Je harmonischer also diese drei Hauptpartien oder Talente in dir zusammenfunktionieren, je genauer diese dreischalige Wage sich das Gleichgewicht hält, umso erfolgreicher wird dein Leben sein. Berechne das Maß klingenden Erfolges, da Materieller, berechne das Maß der Ehre, du Intellektueller, und du Spiritueller das Maß der Seligkeit, das du alsdann erlangen wirst. Kämpfe nicht mehr weiter, sondern suche gerechter zu werden als Salomo, gerecht deinem ganzen Wesen. Damit du auch aller Welt gerecht werden kannst. So wird dir das Alter eines Methusalem.

25. So wird jede Wunde in dir heilen und auch nach außen hin Frieden von dir ausströmen. Frei vom Dünkel wirst du wieder Mensch werden und in dir und um dich wird ein Meer von Liebe strömen. Wiedergeboren und

wiedereingesetzt in deine wahre Stellung hindert keine Schranke mehr deinen weiteren Fortschritt zu den lichtesten Höhen dieses Daseins.

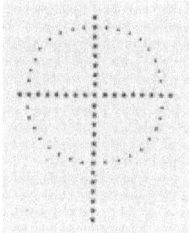

Ein Sinnbild des tönenden Weltenbaumes.

*

NEUNTER ABSCHNITT

Die Krone als Symbol der Gottverbundenheit.

DAS LICHT

Das ist die Grundlage der
wahren Religion, dieses Verständnis, die
Einigkeit, die Einfalt und Harmonie in sich selber.

1. Die Einigkeit ist der Felsengrund, auf dem erbaut das neue Menschengebäude, der Tempel des lebendigen Gottes Bestand haben wird. Wie oft strebte doch der Mensch heraus aus unleidlichen Zuständen, wie oft suchte er sein Heil in der materiellen, spirituellen und intellektuellen Richtung, nur um nach mancher harten Mühe immer wieder zu finden, dass

die angewandte Methode falsch war. Wie Omar Khayyam es sagt: Oft fühlt im Körper ich gar grimme Pein, mit Wasser und mit Schlamm vermischt zu sein, doch fiel ich, wollt ich selber mich befrei´n – am Weg der Satzung über einen Stein.

Z. Erst wenn der Tyrann in uns beseitigt ist, sobald der Antichrist erstirbt und nicht mehr regiert, da steht Christus vom Tode auf, und sobald er lebendig wird, eröffnet er alle Schätze der Weisheit, so dass der Mensch das geformte Wort der Natur in allen drei Prinzipien viel klarer versteht als zuvorhin. Die Freiheit, die Harmonie und das Verstehen in uns selber äußert sich als Verständnis und das Gedankenprodukt wird zur Vernunft, sobald die Verbindung, der Konnex hergestellt ist mit dem höheren Selbst, mit Christus, mit der erlösenden Intelligenz, mit Gott in uns. Dieser Wandel in unserer Art zu denken, und das daraus hervorgehende vorbedachte Handeln, ist eine Bekehrung zum Wandel auf jenem Weg, der zum Ziele führt. Beschämt stehen die vordem in ihrem Egoismus tyrannisch blind regierenden Intelligenzen des Leibes von ihren kindisch-eitlen Zielen ab und sehen zum offenbar gewordenen Geisteszentrum auf als zur Quelle der Weisheit und des Könnens, als zu ihrem König, zu ihrem Berater und Vater. Von ihm geleitet und ihm nachstrebend wird das Lebensziel spielend erreicht, das da Zaraduscht in den Satz fasst: In der Materie sollen wir das erreichen, was wir im Geiste sind!

3. Solang der Antichrist, das Regiment blinder, egoistischer Tyrannenmächte besteht, solange die Harmonie nicht zustande kommt, bleibt Gott in uns verborgen. Und er kann nur im Verborgenen ausgleichend wirksam werden, dem Bewusstsein nur selten erkennbar, als Inspiration erleuchtend und führend. Unsere Entität, die Wesenheit, ist von der Erscheinung eingehüllt, den fleischlichen Augen verborgen. Die Identität, die äußere Erscheinung aber täuscht fortwährend. Nur der Erleuchtete, der Beseelte, zur Erneuerung dieses Lebens vollbewusst Entschlossene, der mit Gott aufs engste verknüpft ist, zerreißt den dichten Schleier der Täuschung und erschaut mit seinem geistigen Scharfblick (Einblick, Einsicht) das Prinzip, auf dem die vielfach zusammengesetzten Erscheinungen beruhen, sagt Zaraduscht. Und Böhme: Die Seele drang (ursprünglich) durch die vier Elemente und hielt den Erdenleib in sich wie verschlungen, auf eine Art, wie die Finsternis im Lichte wohnt. Sobald aber das Licht erlischt, wird die Finsternis offenbar. Also durchdrang der innere Mensch den äußeren gleichwie das Feuer ein Eisen durchglüht, dass man meint; es sei lauter Feuer. So aber das Feuer erlischt, wird das schwarze, finstere Eisen

offenbar.

4. Hier findet der Sucher die Erklärung für seine Natur, er erkennt, was er durch Selbsterkenntnis bestätigt finden wird: Sie ist im Prinzip zwiefach. Seinen heutigen Zustand betrachtend findet er sich in der Lage, die Moses uns in der Schöpfungsgeschichte vor Augen stellt: Und die Erde war Wüste und Leere (sie brachte nichts Fruchtbares hervor, und es lag Finsternis auf der Tiefe). Und der Geist Gottes schwebte über den Wassern. Und Gott (die innere Stimme) sprach: Es werde Licht! Wie Johannes es anders ausdrückt: Im Anfang war das Wort, und das Wort war Gott. Auf dieses Wort hörend, diese Rune singend, ordnet sich das Chaotische, das Tohu-Vabohu, das irre, wilde Gegeneinanderstreiten in ihm. Und dessen Resultat, Unfruchtbarkeit, Wüste und Leere, wandelt sich dadurch in einen sinnvoll wirkenden Kosmos, in harmonische Ordnung, dass die göttliche Intelligenz in jede Faser dringt.

5. Dieses Licht nun wieder in allen Bezirken des Leibes anzuzünden, ist die Aufgabe dessen, der in den paradiesischen Urzustand wiedergeboren und zurückversetzt werden, eine lebendige Seele sein will. Die durch tausende von Jahren unter der Asche schlummernde glimmende Kohlenglut wieder zur alles erwärmenden Flamme zu entfachen. Wie der dunkle Weihnachtsbaum sich in ein Meer von Licht verwandelt, sobald die Kerzen an allen seinen Zweigen brennen, genau so wird auch sein Lebensbaum erglänzen und auf alle Beschauer ein Meer von Frieden ausstrahlen, wie es jenen vergönnt war zu wirken, denen die Erlösung glückte.

6. Wer das Dunkel in sich überwunden und die Dämmerung in sich erreicht hat, der sorge dafür, dass es bald voller Tag werde, er bedenke stets und immer: Je mehr Lebensöl er seinem Lämpchen zuführt, umso prächtiger wird es erstrahlen. Das Streben nach dieser Richtung bringt ihm herrlichere Tage als er heute zu ahnen imstande ist. Indem seine Wunden durch das Wirken dieses gütigen Samariters heilen, weil er von allem Quälenden frei und klaren Geistes wird, kann er sich, unbehindert von zeitraubendem Grübeln und Sorgen, der Neuschöpfung seines Leibes widmen, wie sie in der Genesis symbolisch angedeutet ist.

7. Moses spricht in Gleichnissen, er hat einen Schleier vor die Wahrheiten gebreitet, um den Seinen die Freude an der Entdeckung aufzusparen. Jedem Sucher wird die Ähnlichkeit der Natur des Volkes Israel mit seiner eigenen auffallen. Nachdem es sich auf den Weg nach dem verheißenen Land macht, stellt sich Zaghaftigkeit und Rückfall ein – es sehnt sich nach den Zuständen Ägyptens zurück. Die Abtrünnigkeit vom Ideal, die sich in der

Sehnsucht nach den Fleischtöpfen Ägyptens und in der Anbetung des goldenen Kalbes äußert, dieses mächtige Streben tiefstehender Intelligenzen im Leibe macht sich mit zwingender Gewalt bemerkbar. Das schwere Ringen eines Herkules wider Gedanken-Ungeheuer bleibt uns nicht erspart, bis wir das elterliche Erbe ganz reorganisiert und geordnet haben. Viel Schuld daran trägt, dass wir uns von der Höhe des Zieles falsche Vorstellungen machen. Kaum hat man beim Aufstieg die erste Strecke überwunden, so möchte man schon am Ziele sein und man wird schwach und weinerlich, wenn man findet, dass sich Gipfel über Gipfel türmt. Denn man überlegt nicht, aus wie großer Tiefe man sich zu erheben hat.

8. Am schlimmsten wirken die Stimmen der Tiefe, die uns mit tausend Warnrufen wieder zu sich herabzuziehen suchen. Die lieben Verwandten und Freunde hängen uns mit ihrer guten Meinung Zentnergewichte an die Füße, und sie bilden das größte Hindernis des Strebenden. In ihrem heutigen Zustand können die guten Leute freilich nicht ahnen, wie es in jenen Regionen aussieht, die einer der ihren zu erklimmen sich anschickt. Dass hier größere Sicherheit herrscht als in ihrem Bereiche. Sie meinen, da müsse er verhungern oder befürchten, nun werde die Welt aussterben. Doch, was man dir auch einreden will – bleibe fest, mein Freund! Und statt der Widerrede schildere den Deinen die Wonnen der erreichten Gefilde. Vielleicht hast du Glück und kannst auch zur Erlösung Anderer beitragen. Das würde dir den Weg leichter machen, als wenn du gezwungen wärst, einsam zu wandern.

9. Doch mache dir hierin keine falschen Vorstellungen. Es ist schwer, sehr schwierig, auch nur einen Weggenossen zu finden. Allen kannst du heute nicht helfen, so sehr dein edles Herz dir darob schmerzen mag, du musst dich loslösen von dieser Idee, die jeder Neuling hegt. So leicht auch die Selbsterlösung des Einzelnen ist – auch die gigantischsten Leistungen gehen nicht über seine Kraft, so ungeheuer mühsam ist die Erlösung der Menschheit. Die gewaltige Vermehrung minderwertiger Menschen gibt dieser Arbeit einen so aussichtslosen Anstrich, dass selbst die Größten darob verzweifelten. Und doch muss diese Arbeit einstens vollbracht werden, denn insolange, als auf dem Erdball von verblendeten Menschen Verheerung über Verheerung angerichtet wird, kann die Erde kein Paradies werden – und davon hängt doch unsere volle Glückseligkeit ab. Das betonten alle Erlöser. Hätten sie nicht diese Überzeugung gehabt, sie würden nach der Szene: Es ist vollbracht!, auf ihren Lorbeeren ausgeruht

haben. Kann der friedlichste Mensch in Ruhe leben, wenn es dem bösen Nachbar nicht gefällt?

10. So ist denn der Mensch, dem die Selbsterlösung glückte, vor eine weitere Aufgabe gestellt, er muss sich der Befreiung der Seinen widmen, wie Herkules, wie Christus. Erst dann, nachdem er alle Erfahrungen gesammelt hat, nachdem er Gott gesehene hat, wohnt seinem Worte jene Überzeugungskraft inne, die die Menge zum Nachdenken zwingt.

11. Befällt dich also unterwegs Zaghaftigkeit, so begegne ihr mit Konzentration. Durchdenke das Wahnsinnige und Zwecklose des Lebens und Webens der Leute im Tal, überlege all die Gründe, die dich zu deinem Unternehmen bewogen haben und horche in dich selber. Kontrolliere deinen eigenen Zustand auf Schritt und Tritt, suche den Ursprung negativer Beeinflussungen zu erkennen und wandere nicht eher weiter, bis du die Stimmen der Tiefe in dir selber überwunden hast. Dies gelingt am besten, wenn du ihren Urhebern nicht neue Nahrung zuführst. Meide das Fleisch, und du wirst finden, dass dieses Mittel die zur Rückkehr auffordernden Stimmen immer schwächer werden lässt. Auf diese Weise befreist du dich sicher aus den Klauen der unmenschlichen Gedanken, Triebe und Leldenschaften,

12. Allmählich, kommen sie ganz zum Verstummen und die Stimmen aus dem Tale finden kein Echo mehr, denn ihre Anwälte in dir ersterben. Die tierischen Zellen in dir haben keine längere Lebensdauer als der tierische Organismus, von dem sie herstammen, denn nur die Zufuhr gleichgearteter Intelligenzen erhält ihre Art. Dadurch kommst du aber auch in anderer Beziehung vorwärts, denn mit dem Verschwinden dieser Zellen wirst du deine schlimmsten Blutsauger los. Hat doch ihr Streben, gleichgeartete Nahrung zu fordern, dazu geführt, dass die Aufnahme jener Substanzen, die zur Neubildung menschlicher Zellen nötig ist, fast völlig vernachlässigt wurde. Diese kannst du nun in hinreichendem Masse erwerben und verarbeiten und die daraus bereiteten Wasser des Lebens werden neue, lebensfähigere Zellen an Stelle der erstorbenen und aufgelösten tierischen bilden.

13. Die geringen Mengen reiner Lebenssäfte, die ein Fleischverzehrer bei gemischter Diät immerhin erzeugen mag, werden durch die tierischen Leidenschaften und Triebe der vorherrschenden Raubzellen vergeudet, die sie für ihre Zwecke missbrauchen, ehe sie eingefleischt werden konnten. Und darum ist das Streben nach Wiedergeburt für den Fleischesser eine Sisyphusarbeit. Nimmer kann er zu dem Ziele gelangen. Regelmäßig

empfindet er den unwiderstehlichen Drang, den Befehlen seiner bösen Geister folgend, einen Verlust der Lebenskeime herbeizuführen, der Verlust derselben ist ihm ein auf dieser Stufe naturnotwendiges Bedürfnis. Dieses Bedürfnis ist in seiner Natur gemäßes, ein für ihn natürliches und es ist darum auch zwecklos, solchen Leuten von Enthaltsamkeit zu sprechen. Diese ist für sie tatsächlich unnatürlich.

14. Nun, da wir die inneren Prinzipien des Fortschrittes, des Stillstandes und des Rückschrittes kennen, wissen wir klar, dass die Wiedergeburt einzig auf dem Wege der Reinheit erreichbar ist. Und so wollen wir mit aller Kraft, die uns aus dem Atem wird, dahin streben, dem Gesetz der Reinheit zu folgen, den religiösen, den uns mit Gott in uns in Verbindung erhaltenden Gebräuchen und Sitten treu zu bleiben. Denn darin, in der Konsequenz, liegt unser Heil! Wer ausharrt, dem wird die Krone des Lebens.

15. Wahrlich, wer auch diesen Weg wandelt, er kann guter Dinge sein! Plagt ihn manchmal auch der alte Adam, regt sich in ihr noch hier und da Mutter Eva, kommt mal wieder die faszierende Sehnsucht nach den Fleischtöpfen Ägyptens zum Durchbruch, assistiert von allerlei Wonnen vorgaukelnden Gedanken, rumort auch noch manchmal dieser oder jener Überrest aus der Vergangenheit verteufelt im Leibe, weil er ihm nicht willfährig ist und verfolgt sie der Ägypter Heer auch nocch so sehr: Nimmer braucht man sich ängsten, und hätte man auch ein Meer zu durchschreiten auf dem Wege nach Kanaan !

16. Gott anschauend unverwandt, bleibt die Furcht uns unbekannt: Wenn Gott in mir ist, so habe ich keinen Grund zur Furcht. Ist Gott die Liebe und die höchste Macht, so hat in seiner Gegenwart, in seinem Lichte die Finsternis keine Gewalt. Liebe und Gott sind Eins und nicht voneinander zu trennen, ebenso wenig als Hass, Streit und Leid von seinem Widerpart. Bin ich in seiner Gegenwart stets und immer bewusst: Gleich ob's in der Freiheit oder in der Bedrängnis wäre – so werden Hass, Leid und Streit gebannt bleiben. Ich werde mich stets gehoben fühlen im Bewusstsein seiner Gegenwert, geborgen und beschirmt, denn nur wenn ich durch Furcht die Macht des Gegners anerkenne, besitzt er sie in der Tat. Ich selber bin's, der ihm die Macht gibt, ich, dem freisteht zwischen Licht und Finsternis zu wählen.

17. O freue dich, Herz, ja freue dich und frohlocke, wenn dein Blick so klar geworden ist, einzusehen, dass der allmächtige Gott immer bei dir ist! An diesem (Runen-)Panzer wird jeder Angriff des Verführers zerschellen, der

dräut, wenn seine Verlockungen nicht mehr wirken. Erheitere dich an seinem Gebaren, ja lache aus ganzem Herzen über die Wut des Tieres, wenn es im Angesicht seines völligen Bankrotts die possierlichsten Anstrengungen macht, dich wieder in seine Klauen zu bringen. Ja, lasse den erquickenden Strom der Heiterkeit sich in dein ganzes Wesen ergießen, damit seine Widerstrahlung in dir leuchte gleich einem Regenbogen, als ein Symbol deines Bundes mit Gott. Dieser Humor ist ein Zeichen für deine innige Verbindung mit ihm. Wir erkennen, wie Böhme, dass Weisheit und Humor nicht unser Eigen ist, sondern dass das die göttliche Sonne ist, die durch uns scheinet.

18. Also vergeht die Zeit der Arbeit an dir selber, mit klarem Bewusstsein ausgeführt, im Fluge. Und ehe du dich versiehst, bist du dem Ziele nahe. Drum vertrödle deine Zeit fortab nicht mehr mit Sorgen und Grübeln! Hemme den Strom der Heerscharen des Lebensstromes nicht mehr, sondern lasse ihn von jener heiligen Überzeugung getragen dein Wesen erfüllen, dass nichts deinen Fortschritt hindern kann. Und da wirst du stündlich das Wort bewiesen sehen: Sorget nicht, denn euer Vater weiß, was ihr bedürfet, noch ehe ihr ihn darum bittet. Seid wohlgemut, des Rubaiyats eingedenk:

In Kirchen, Moscheen und Synagogen
Wird viel von Höll und Himmelreich gelogen
Doch nimmer keimt des Zweifels Saat im Herz,
Das das Geheimnis Gottes eingesogen!

ZEHNTER ABSCHNITT

Das Füllhorn als Symbol der Os-Rune.

DAS FÜLLHORN

Des erstorbnen
Landes Küste, die Oase
in der Wüste, kündet dir in klarer
Sprache eine längst vergessne Sache – kündet
dir von sel'gen Zeiten, wo in jenen fernen Breiten dieses heut verfluchte
Land grünte und in Blüte stand. Blickst du weg von dieser Küste in des
eignen Leibes Wüste – suchst du hier und suchst du dort nach dem lösend
Zauberwort, wird dir hier wie dort das Leben die gesuchte Antwort geben:
Die Ode, wo das Wasser quillt, rasch mit Leben sich erfüllt! – O denke
drüber ernstlich nach und sage nicht, das Fleisch sei schwach! Des
Lebensstromes heil'ge Fluten, geläutert durch des Atems Gluten, erzeugen
dir das Paradies, das jeder Löser noch verhieß! – Gewiss, wer diesen
Schlüssel drehet, er wird gar rasch zum Sieg erhöhet und es grünt in ihm
aufs Neu, auch die ärgste Wüstenei!

1. Die Quelle der Lebenssäfte, des edlen Saftes der Rebe, der lebendigen
Wasser, ist der spirituelle, der Geschlechtsorganismus. Obgleich, der Bau
der Organe zweierlei Einrichtungen aufweist, sind die Funktionen bei
beiden Geschlechtern im großen-ganzen gleich, mit dem Unterschiede, dass
der Lebenssaft der Frau den weiblichen, der des Mannes den männlichen
Geschlechtscharakter entstehen lässt.
2. Selbstverständlich ist, dass von der Ausbildung, von der Entwicklung der
Organe die Qualität dieser Lebenssäfte abhängt und nicht minder die
Quantität. Das weiß jedermann genau, dass mit der Vollkommenheit der
Einrichtung einer Fabrik Qualität der Erzeugnisse und Leistungsfähigkeit

parallel gehen. Auch dass ein minderwertiger Rohstoff, in unserem Fall die Speisesäfte, nicht nur die Qualität der Produkte herabsetzen, sondern auch die Apparate der Fabrik, die gebaut wurden, eine bestimmte Substanz zu verarbeiten, rascher abnutzen muss. Diese Umstände erwägend, müssen wir staunen, in welch verhängnisvollem, unheilgebärendem Leichtsinn heute alle Welt mit der wichtigsten Einrichtung des Menschenleibes verfährt. Unvermeidlich gemäß dem minutiös wirkenden Naturgesetz, wird die spirituelle Maschinerie vor der Zeit abgenutzt, oder sie geht in Unreinlichkeit zugrunde, wie eine Maschine, deren Lager nicht sorgfältig sauber gehalten und geölt wurden.

3. In Missachtung der Lebensgesetze, geschlagen mit grauenerregender Blindheit, haben sich beide Geschlechter unsägliche Leiden zugezogen, und die sozialen übel sind nur der Reflex dieser Wunde, an der jeglicher Mensch krankt. Wie sehr bemühen sich doch so viele brave Leute, gut zu sein, rechtschaffen zu wirken, die sozialen Lehren Christi durchzuführen, aber ihr Vorhaben geht einfach über ihre Kräfte. Es fehlt ihnen jene Heroenkraft. jene geistige Kraft, die nur dem Vollmenschen eigen ist, jene Kraft, die vor Fehltritten bewahrt. Dies darum, weil ihr Nervensystem mangelhaft ausgebildet ist. Das Nervensystem aber wird aus den Lebenssäften auferbaut. Wenn wir heute keine Menschen mehr um uns sehen, denen auch aus dem Mund ihrer Gegner die hohe Ehre zuteil wird, mit „ecce homo" bewundert zu werden, so liegt dies daran, dass man jene Lebenskunst vergessen hat, deren Produkt sie waren.

Die Frau

4. leidet augenscheinlich am meisten unter der Missfunktion ihres Organismus. Dieser ist aber auch so fein organisiert, dass er einer viel größeren Pflege bedarf, als der des Mannes. Das männliche Geschlecht liebt es, in törichter Selbstverblendung auf die Frau herabzusehen als auf das schwache Geschlecht, es sieht die Frau als minderwertig an – denn es bedenkt die große Schuld nicht, die den Mann an dem Kreuz der Frau trifft. Warum auch ist die Frau heute in einer so traurigen Lage?

5. Doch nur, weil die Einrichtungen ihrer Organe viel feiner sind, als die des Mannes und viel mehr Rücksicht erfordern, Fehlt diese Rücksicht, die in erster Linie darin zu bestehen hat, dass der Mann seiner natürlichen Rolle als Beschützer der Frau eingedenk ihr keinen Wirkungskreis und keinen Kräfteverbrauch zumutet, zu dem ihre Natur nicht bestimmt ist, oder

lässt er es gar an Schonung fehlen, so hat er selbst an den Folgen zu leiden. Statt eine lebensfrohe, muntere, nützliche Gefährtin zu haben, wird sein Heim zum Krankenhause. Statt dass sie sein Glück vermehre, ihm das Leben erleichtere und verschönere, wird sie ihm in diesem Zustand zu einer Last, zu einem lebendigen Vorwurf, zu einer lebenslänglichen Strafe, und er wird für seine Gedankenlosigkeit vielleicht schwerer zu büßen haben, als sie selber.

6. Was hat der Mann von der Frau, wenn sie, statt an seiner Seite geistig und körperlich zu wachsen, Fleisch von seinem Fleisch zu sein, immer weiter herabkommt und minderwertig wird in geistiger Beziehung? Und sie wird dies unfehlbar, wenn der Prozess der inneren Sekretion gestört ist. Hat jener Verbrecher ein Recht, über ihren beschränkten Verstand zu spotten, dessen despotisches und rücksichtsloses Verhalten die Frau der Bausteine ihres Hirnes beraubte? Und bedenkt der Gesetzgeber und Arzt nicht, dass die Frau die Mutter der kommenden Generation ist, und sagt er sich nicht: Ist sie heruntergekommen, so wird die kommende Generation noch mehr entarten müssen!

7. Allein durch die Hebung der Frau wird die arisch reine Rasse wieder gehoben werden können. Der Niedergang der Frau bedeutet den Ruin der Menschheit. Ja, die Sünden der Väter werden gerächt bis ins vierte Glied, und nicht gutgemacht, pflanzt sich das Verderben weiter. Die Frauenfrage ist eigentlich eine Männerfrage, Wem es gelingt, den Männern die Wahrheit beizubringen, der wird auch die Frau und die Rasse heben! Doch wer soll dies tun, wenn nicht eben die Frau? Und wie kann sie das tun? Nur auf einem Weg, indem sie ihre Kräfte mehrt und zum Aufbau ihrer Nerven und ihres Hirnes voll und ganz verwendet. So wird sie ihre Stellung als Frau voll und ganz ausfüllen können, und der Mann, der so sehr geneigt ist, die Schwäche zu missbrauchen, wird der Starken Rücksicht und Achtung zollen müssen und sich hüten, ihre Menschenrechte anzutasten.

8. Jede Mutter, die das Kalvarium ihres Geschlechtes am eigenen Leibe erfahren hat, stelle dies ihren Söhnen vor Augen und ihren Töchtern lasse sie eine Pflege angedeihen, die ihre Organe zur vollsten Entfaltung bringt. Darin ist unserer Kultur-Rasse sogar die schwarze überlegen. Berichten uns doch Forscher, dass die Afro-Mutter die Geschlechtsorgane ihrer Kinder zu entwickeln und zu kräftigen trachtet, besonders durch heiße Bäder. Die Chinesenfrauen tuen ein Gleiches, Freilich ist der Erfolg auch offenkundig – diese von unserer Kultur noch nicht angesteckten Naturkinder haben auch nur ganz geringfügige Verluste bei der monatlichen Reinigung. Wenn auch

ein Vergleich der weißen Rasse mit tiefstehenden Rassen wegen des unüberbrückbaren Rassenunterschiedes nicht angängig ist, so finden wir doch, dass die Frau bei den Wilden mehr gilt und sich höherer Achtung erfreut, als bei dem edlen Zweig des menschlichen Geschlechtes, bei der weißen Rasse.

9. Einem furchtbaren Verhängnis gleich lastet der Mangel an Aufklärung auf der heranwachsenden Frau. Fast nie wird sie von der Mutter über die Bedeutung der Menstruation aufgeklärt, sondern in der Regel von Freundinnen, die hierüber auch nur Vermutungen haben. Sie schämt sich dieses natürlichen Vorganges – denn, so meint sie, wäre der keine Sünde, so hätte ihre Vertraute, ihre Mutter schon davon gesprochen. Und wo die Einsicht, die Klarheit fehlt, da hat die Phantasie freien Spielraum; die Heimlichtuerei und das Hörensagen über das geschlechtliche Gebiet untergraben den von Natur aus aufrichtigen, kindlichen, den geraden Sinn. Die Heuchelei, das Versteckspiel legt den Grund zu all jenen Untugenden, die heute alle Welt so sehr beklagt, Aber, man lamentiere nicht über die Verderbtheit der Jugend, sondern greife sich selber an den Kopf: Die Eltern und Erzieher sind die wahren Sünder!

10. Offenheit und Klarheit lerne die Mutter üben und sie halte ihrem Kinde alles fern, was seine Entwicklung stören könnte. Reinheit der Säfte, religiöse Achtung, schöpferische Eigenschaften vor den heiligsten Funktionen des Organismus, das sind die besten Schutzmittel gegen alle Anfechtungen im Leben. Auch die ausgeklügeltsten Morallehren werden in den Wind geschlagen, wenn die Unmoral im Menschen selbst ihr Zelt aufgeschlagen hat. Gleiches zieht gleiches an und alle äußerlichen Ereignisse und Erscheinungen sind Ergebnisse, natürliche Folgen innerlicher Ursachen, die das Wahlverwandte unausweichlich anziehen müssen. Einen unverletzlichen, stählernen Charakter gebe sie dem Kinde auf dem Lebensweg mit. So wird es jene idealen Ziele erreichen, die den Eltern versagt blieben.

11. O ihr Mütter, fasset Mut und öffnet euren Kindern die Augen, auf dass sie ihren Lebensweg klar erkennen mögen. Denket an eure eigne Jugend, an die Ursache eurer eigenen Leiden – habt Gnade mit euren Kindern und verdammt sie nicht zur Blindheit! Klärt eure Töchter darüber auf, dass die Periode eine natürliche Erscheinung der Reinigung ist, unerlässlich zur Erhaltung der Jugendblüte. Durch diesen Vorgang scheiden die Organe allmonatlich mit der Eihülle jene durch unnatürlichen Wandel angestauten Säfte aus, die durch eine Aufsaugung giftig wirken würden. Doch ist jenes

Maß der Ausscheidung, dem wir heute allgemein begegnen, krankhaft und schädlich. Wie sehr schwächt doch der heute als normal geltende ungeheuerliche Verlust die Frau, der oft drei, ja sechs Tage andauert und der der Periode die Bezeichnung „Unwohlsein" eingetragen hat. Ziehen, Schmerzen, Krämpfe, Kopfschmerz, Abgeschlagenheit und Gemütsverstimmung gehen damit einher. Eine weitere Woche, ja noch längere Zeit brauchen die meisten Frauen, um nach der Periode wieder einigermaßen zu Kräften zu kommen. Ein solcher Zustand, das muss schon die Logik sagen, kann unmöglich natürlich sein!

12. Dass die Menstruation, dieser Reinigungsprozess, normal ist, sehen wir bei den Naturvölkern. Die Frau des Wilden, die ihre Gesundheit hütet und die Naturgesetze achtet, hat keine größere monatliche Ausscheidung, als fünfzehn Gramm, so dass dieser Vorgang weder mit Unwohlsein, noch mit Schmerzen einhergeht. Der Missbrauch der Organe, falsche Ernährung oder die Vernachlässigung der Pflege der Organe führen so unnatürliche Zustände herbei. Unsere Zeit hat ein Riesenheer von Frauenärzten hervorgebracht – doch in der Regel maßen sich Männer an, die Frau über Dinge zu unterrichten, die sie nicht aus eigener Erfahrung kennen und die natürliche Folge ist, dass die Frauenärzte an Zahl stetig zunehmen. Würden die gelehrten Herren vom Naturgesetz eine Ahnung haben, sie brauchten nicht zu brennen, zu schneiden und zu schmieren und sie würden nicht durch unverständige Eingriffe das Leiden der Frau noch verschlimmern,

13. Im Altertum wurde die Jugend im Beginn der Reife von den Arzt-Priestern in die Mysterien des ewigen Lebens, der Wiedergeburt, eingeweiht. Die Einrichtung der Konfirmation diente dieser Aufklärung. Doch welcher Priester könnte heute dieses heilbringende Amt versehen? Wir würden uns am Erdenrund vergeblich danach umsehen. Man kennt eben alle Gesetze des Himmels, aber nicht die der Erde, von deren Einhaltung ja die zukünftige Seligkeit abhängen soll. Und der bloße Gedanke an die Geschlechtsorgane gilt bei manchen von ihnen als Todsünde. Aber, ihr Gottesstellvertreter und Leuchten der Kirche Christi: Hat uns nicht der Herr nach seinem Bilde mit diesen Organen erschaffen? Hatte ihn vielleicht hier seine Weisheit verlassen – oder aber seid ihr es, die der Weisheit und Einsicht ermangeln? Oder wollt ihr etwa moralischer und sittlicher sein, als Der, dem ihr dienet?

14. Sobald es die Frau aufgibt, auf den Unkenruf gewisser Idioten zu hören und sich nicht mehr ihrer Geschlechtsorgane, sondern der Verwahrlosung derselben schämt, sobald sie einmal anfängt, auf dem naturgewollten

vierpoligen und hermetischen Wege ihre Organe zu pflegen, wird sie erwiesen sehen, dass diese Pflege reinigender auf das Gedankenleben wirkt als alle Moralpredigten. Der daraus quellende reiche Segen wird sie davon überzeugen, dass diese Pflege göttliches Gesetz ist. Alle Alterserscheinungen, Mattigkeit und Zerfahrenheit weichen, Jugendfrische, Leistungsfähigkeit und klares Bewusstsein ziehen ein. Und unversehens erringt sich die Frau dadurch im Kreise der Familie und in der Gesellschaft eine unendlich würdigere und einflussreichere Stellung, die das Maß ihrer höchsten Sehnsüchte übertreffen wird. So, und nur auf diesem Wege wird sie die Frauenfrage lösen und die Ebenbürtigkeit mit dem anderen Geschlecht erringen.

15. Die zur Entwicklung der Organe nötige Anwendung besteht in der Belebung durch heiße Kompressen. Diese sind auf die Leistengegend, auf die Eierstöcke, auf das Gebiet des Schambeines und auf die Nabel- und Aftergegend so lange zu machen, bis die Haut sich leicht rötet. Das Wasser muss eine Temperatur von ungefähr 38 Grad Reaumur haben und es ist gut, wenn man diese während der Anwendung durch Zugießen noch heißeren Wassers erhöht. Zur Anwendung der Kompressen dient ein weiches Tuch, das man an beiden Enden erfasst, mit der Mitte ins Wasser taucht und rasch auswindet, so dass das Wasser nicht mehr tropft. Nun presst man die heiße Stelle des Tuches für ein-zwei Minuten leicht an die zu behandelnde Stelle, indem man die Enden mit beiden Händen anzieht und fährt damit fort, bis das gewünschte Resultat eintritt. Hinterher trocknet man die Organe sorgfältig und reibt eine Spur reinen Öles ein. Dem zur Behandlung verwendeten Wasser füge man desinfizierende Mittel bei, um gegen Krankheitskeime in den Hautpartien zu wirken.

16. Damit in Verbindung wendet man die innere Reinigung und Belebung der Geschlechtshöhlen an, die für den Anfang, die Übergangzeit zur neuen Lebensweise, täglich, mit Ausnahme der Zeit der Menstruation, erfolge. Und zwar bestehe sie in der Waschung der Scheide mit lauwarmem Wasser mit den Fingern, dem auf ein Liter Flüssigkeit entweder zehn Tropfen reines Eukalyptusöl oder Tee von Wermut, oder Ringelblumentee, oder Kochsalz beigemengt wurde. Auch kann eine Wasserlösung von reinster Ölseife verwendet werden. Diese Zusätze desinfizieren und kräftigen zugleich. Oder aber, wenn sie es als auf ihr Naturell von günstiger Wirkung findet, mache die Frau, doch erst vom neunten Tage seit Beginn der Periode an, bis etwa drei Tage vor derselben, Spülungen mit dieser Flüssigkeit, die dann weniger konzentrierte Zusätze enthalten soll. Bei den Zusätzen lasse

man Abwechslung walten. Diese Spülungen dienen nicht nur der Gesundung und Kräftigung, sondern auch der Entwicklung der Eierstöcke und der Drüsenorgane.

17. Liegt Gebärmuttersenkung vor, was sich im Gesicht durch Aufgedunsenheit und sonst vornehmlich durch Anschwellung der Beine äußerlich bemerkbar macht, so ist eine täglich zweimalige Spülung als Kur anzuwenden. Es ist in diesem Fall zu empfehlen, nach der Spülung ein winziges, feinporiges Schwämmchen einzuführen, das in reines Öl getaucht wurde. Man zieht durch das Schwämmchen einen starken Faden, um es leicht wieder entfernen zu können. Das Schwämmchen muss zwölf Stunden an seinem Ort belassen werden, dann wird es entfernt, wonach die zweite Spülung erfolgt, nach der ein anderes eingeführt wird. Das gebrauchte wird in warmem Wasser gereinigt, mit Ölseife gewaschen und getrocknet. Beim Einführen sei man besorgt, die gesunkene Gebärmutter zu heben, sie zurückzuschieben, doch geschehe dies mit der größten Vorsicht in gerader Richtung. Liegt der Fall weniger schwer, so genügt eine täglich einmalige Spülung und unter Umständen ist auch das Schwämmchen überflüssig. Das Darmbad ist bei Gebärmuttersenkung unbedingt notwendig, weil der Mastdarm in der Regel die erste Ursache der Senkung ist, hochgradige Verstopfung darin, deren Gewicht die Gedärme auf die Gebärmutter presst. Daher ist durch Einhaltung der Lebensregeln der Heil-Diätetik für regelmäßigen und leichten Stuhl zu sorgen. Auch die Blase leidet am erwähnten übel, das man an feuchten Händen erkennen kann, sehr. Reichlicher Genuss frischer Petersilie in Salaten und Anwendung von Kastanienblättertee haben günstigen Einfluss auf den Heilungsprozess. Jeder Verkehr muss bei Senkungen wie überhaupt bei Erkrankungen der Organe bis zur Heilung selbstverständlich unterbleiben.

18. Die Wichtigkeit der Periode und ihrer Regelmäßigkeit (Rhythmus!) kann nicht stark genug betont werden. Sie hängt innig mit der Art der Ernährung zusammen. Alle jene Lebensregeln wollen streng befolgt sein, die wir in der hermetischen Heil-Diäretik bieten, damit die Organe durch Klärung und volle Reinheit der Säfte gesunden und funktionstüchtig werden. Einige Tage vor der Periode schon ist Schleimsuppen der Vorzug einzuräumen, während derselben beschränke man sich nach Möglichkeit auf mit abwechselnden ergänzenden Zutaten bereiteten Gersten- oder Weizenschleim, der aus ganzen Körnern bereitet wurde. Sorgfältigstes Kauen jeden Bissens und Schluckes ist Voraussetzung. Leinsamentee mit ein wenig Zitronensaft bilde, heiß genossen, das Getränk, oder auch ab und

zu Tee von Erdbeer- oder Brombeerblättern, Mate, Hirtentäschchen, Schafgarbe, Schlehe, Thymian, Anis, Tausendguldenkraut, Petersilie, Hopfen oder Spitzwegerich, oder Kombinationen daraus. Salate von Kresse und zarten Blättern mit viel Petersilie oder etwas Rettigsaft. Eine strikt eingehaltene Diät hat den größten Einfluss auf die Menge der Ausscheidungsstoffe – die Frau wird über deren Geringfügigkeit erstaunt sein.

19. Während der Periode pflege die Frau einen wahren, man kann schon sagen, einen hermetischen Wärmekultus; sie übe den Atem in Wort und Lied, hege und entwickle edle Gedanken, die darin bestehen mögen, schwierige Probleme mit von Liebe und Güte geleiteten klugen Methoden zu lösen. Schlechte Gemütsstimmung während dieser Zeit wirkt sehr lange nach und Erkältungen können den Grundstein schlimmer Krankheiten in edle Organe einimpfen. Ganz besonders gefährlich sind der heranwachsenden Frau Erkältungen während der Periode. Sie trage daher zum Schutz gegen Wärmeverluste in dieser Zeit Seidenwäsche. Lähmungserscheinungen des Denkvermögens treten danach oft auf. Altjüngferlichkeit, die steife, gezierte, affektierte Art so vieler Mädchen hat hier ihre Ursache.

20. Überflüssig sollte es sein, das uralte und besonders von den Zarathuschtriern unerbittlich streng beachtete Gesetz zu erwähnen, dass der Mann die Frau während dieser Zeit und eine Woche nachher vor jeglicher Erregung bewahren muss. Diese hatten Absonderungshäuser, in die sich die Frauen während der Periode zurückziehen konnten. Ein wirklich feiner Mann wird nicht nur ihrem Ruhebedürfnis Rechnung tragen, er sorgt auch für die Mahlzeiten selber und sieht im Haushalt nach dem Rechten. Das kann ihm nur nützen, denn so wird er auch die Arbeit der Frau besser würdigen lernen. Bei alledem muss ihm der Gedanke vorschweben, dass die Frau in dieser liebeerfüllten Atmosphäre nicht nur gesunder, kräftiger, sondern auch schöner wird.

21. Bei regelmäßig krankhaften Verlusten empfehlen sich in der Diät Limonaden, beziehungsweise Fruchtsäfte, die auch erwärmt werden können, von Johannisbeere, Himbeere oder Berberitze, ferner Tee von Schafgarbe, Wacholder, Hirtentäschchen, Dornschlehe oder Zimt. Nach dem dritten Tage hemmt ein Einlauf von Salzwasser die übermäßige Blutung. Man hüte sich jedoch vor Einspritzung stark zusammenziehender Mittel, die dauernde Schädigungen herbeiführen können. Bei Weißfluss wird durch zwei Tage Pfirsichblättertee, dreimal täglich eine Tasse,

getrunken. Zur hier unerlässlich nötigen Spülung wird Ringelblumentee verwendet. Die Heilung dieses Leidens kann nur mit der Gesundung des Darmes und eiweissarmer Diät einhergehen.

22. Bei Unregelmäßigkeit oder gänzlichem Ausbleiben der Periode muss die Frau sich bemühen, durch eine bedächtige Lebenskunst diese Vorbedingung der Jugendlichkeit wieder herzustellen. Auch nach jahrelangem Ausbleiben wird ernstliches Streben Ordnung schaffen. Drei Tage vor Neumond wird die Diät beschränkt und abends die Kompressen auf die Organe angewendet. Während dieser Behandlung steht man bis zu den Fußknöcheln in sehr heißem Wasser, dem allmählich noch heißeres zugefügt wird. Nach der Trocknung salbt man die Füße. Alsdann nimmt man abends einen würzigen Tee, entweder von Poleiminze, (Feldthymian) oder Baumwollwurzelrinde (ein Teelöffel muss drei Minuten simmern.) Ein weiteres vorzügliches Mittel gibt Zaraduscht an. Es wird, drei Tage vor Neumond beginnend, an je drei aufeinanderfolgenden Tagen mit je zehn Tagen Unterbrechung dreimal täglich zwei-drei teelöffelweise genommen. Dieses Mittel ist der viel gerühmte Portwein mit Knoblauch. Man verschaffe sich eine echte Marke alten Portweines. Davon wird ein Deziliter erhitzt, eine Zehe feingeschnittenen Knoblauchs zugegeben und für dreißig Sekunden gekocht. Alsdann wird der Wein filtriert, in ein kleineres Fläschchen gefüllt, verkorkt und an einem dunklen Ort aufbewahrt. Ist die Reinigung nicht ganz ausgeblieben, sondern nur unregelmäßig, so wird dieses Mittel durch drei Tage vor Neumond angewendet. Reichlich Petersilie in den Speisen ist von Vorteil. Bei von der Gebärmutter ausgehenden Schmerzen salbt man die Scheidenhöhle mit Öl, in dem Dill angesetzt wurde.

23. Die Hebung der auf dem Unterleib lastenden und diesen einpferchenden oberen Organe durch aufrechte Haltung ist die größte Aufmerksamkeit zu schenken. Diese erreicht die Frau durch konsequente Rückgratkräftigungsübungen der Runen, die in der Atemlehre angegeben sind. Nicht minder aber ist darum auch für eine Lockerung der Hüften durch seitliche Beug-Atem-Übungen zu sorgen.

Der Mann

24. wendet zur Gesundung und Entwicklung seiner Organe ebenfalls das heiße Wasser mit den erwähnten Zusätzen an. Und zwar dem Bau seiner Organe entsprechend in Form von Sitzbädern. Diese werden bis zur

leichten Hautrötung fortgesetzt. Hernach werden die Organe sorgfältig getrocknet und eingeölt. Robuste Naturen können die durch die Bäder beabsichtigte Reaktion durch Hinleitung großer Blutmengen verstärken, indem sie hernach kurz eiskaltes Wasser, oder aber auch mit Bedacht Eis zur Abwaschung verwenden.

25. Der Mann geht noch viel leichtsinniger mit seinen Organen um als die Frau, viel später als ihr bereiten ihm die edlen Quellen des Lebens Sorgen, doch wenn er sich beobachten wollte, würde er eher an die Lösung dieses seines wichtigsten Lebensproblemes denken. Solange die Ärzte den sich im Monat öfter wiederholenden Samenverlust durch Pollution als normal ansehen, wie es auch analog bei der Frau der Fall ist, wird er erst spät an die Ergründung seiner Lebensgesetze gehen.

26. Er weiß nicht, dass jeder Verlust sein Nervensystem schädigt. Die Verminderung seiner – auch der Frau – geistigen Leistungsfähigkeit nach jedem Verlust wird ihm schon aufgefallen sein. Die meisten Bewohner der Irrenhäuser haben ihr verschrumpftes Gehirn diesem Laster zuzuschreiben, das auch dann ein Laster ist, wenn der Samenverlust als Folge der falschen Ernährung ohne gedankliches Zutun auftritt. Sobald der Mann den Gesetzen der Diät volle Aufmerksamkeit schenkt und alle Gärung im Verdauungsapparat vermeidet, wird ihm die Ursache des ungewollten Verlustes offenkundig, denn mit der Mäßigkeit im Essen verringern sich die Pollutionen, um schließlich aufzuhören.

27. Er nehme seine Mahlzeiten schon einige Stunden vor dem Schlafengehen ein und gehe unter keinen Umständen mit unverdauten Speisen zu Bett und noch weniger, ehe er Stuhl hatte. Völle und Stuhldrang sind die Ursachen der meisten Verluste. Gewöhnlich fallen die Verluste mit dem Zeitpunkt der Dämmerung zusammen, sie erfolgen zwischen vier und sechs Uhr morgens. Da liegt es nahe, die Lebensregel einzuführen, wenn man in dieser Zeit erwacht, auch sogleich vom Lager aufzustehen und sich zu beschäftigen. Unter keinen Umständen wende man sich faul auf die andere Seite, um weiter zu schlafen. Wer nicht selber aufwacht, stelle den Wecker auf diese kritische Zeit.

28. Morgenstund hat Gold im Mund – eben dieses köstliche und unkäufliche Gold der Lebenssäfte ist da fertiggekeltert. Die Drüsen sind von seiner Fülle geschwellt und es genügt eine kaum zum Bewusstsein kommende leichte Spannung, um die Entleerung derselben herbeizuführen. Erhebt er sich aber rechtzeitig, um an sich, in seinem Garten oder sonst körperlich zu arbeiten, dann steigen die Säfte in ihren natürlichen Kanälen

in den Organismus, und er wird dieses köstlichen Gutes Eigner. Ist das Fleisch faul, und nutzt darum die Willigkeit des Geistes nicht, so besprenge er sich mit etwas kaltem Wasser, behandle seine Haut durch tüchtiges Klopfen. So wird er rasch munter und ein freudiges Glücksgefühl krönt das Werk der Überwindung des Feindes, des Diebes der Dämmerstunde, der ihm sein Gold rauben wollte. Alte Volkslehrer mahnen, vor dem Räuber, der in der Morgenstunde die Herden beraubt, auf der Hut zu sein. Hier hat dieses kriegerische Geschlecht eine Gelegenheit, einem tückisch schleichenden, blutgierigen Gegner ein Schnippchen zu schlagen.

29. Der träge Stuhl und die Verstopfung ruinieren oft die in ihrer Anlage kräftigsten Naturen durch das Untergraben der Geschlechtskraft. Beobachte dich einmal bei hartem Stuhl, wenn du mit einer Zusammenpressung der Muskeln der Ausstoßung nachhelfen willst oder bei Entleerung nach verhaltenem Stuhldrang. Immer geht dabei eine Menge unersetzlicher Lebenskeime verloren! Es gibt viele rein denkende, aufrechte Männer, die aber in ihrem Blütenalter Ruinen sind und von der Tuberkulose und von anderen Krankheiten gefällt werden wie die stolze Eiche vom Blitz. Die aussehen, als ob sie sich durch tägliche Exzesse ruinierten. Der Schwund ihres Lebensmarkes liegt gewöhnlich an nichts anderem, als an dem erwähnten Umstand. Die Nervensysteme und das Hirn sind ihrer Nahrung beraubt dem Zerfall preisgegeben, und Millionen Krankheitskeime können sich in den widerstandsunfähig gewordenen Organen festsetzen und eines Tages kommt die furchtbare Erkenntnis, dass die Knochenhand des Todes bald Ernte halten wird! Auch in so verzweifelten Fällen ist bei konsequentem Vorgehen noch Hilfe möglich.

30. Ein weiteres Mittel zur Kräftigung. Dieses wende man morgens und abends an. Die Dauer der Anwendung beschränke sich auf fünf Minuten. Die Behandlung wird mit kaltem Wasser und einem weichen Schwämmchen ausgeführt. Zunächst fährt man, beim After beginnend, mit dem Schwämmchen die linke Leistengegend berührend bis zur Hüfte, nachdem diese Prozedur mehrmals gemacht wurde, wird die Haut getrocknet und kräftig behandelt, bis sie sich samtig anfühlt. Sobald man darauf auch die rechte Seite in gleicher Weise pflegte, werden die Hoden behandelt. Hier verfahre man bedeutend rücksichtsvoller und zarter. Der Hodensack wird mit der einen Hand nach vorn gezogen, während die andere vom After beginnend, die Behandlung vornimmt. Auch hier ist die Haut gründlich zu trocknen, doch wende man alle Sorgfalt daran, die heiklen Teile nicht durch Druck zu schädigen. Nachher werden die

Schenkel in aufwärtsstrebender Richtung mit tätschelnder Massage behandelt und schließlich wird noch eine Anwendung gemacht, die den Zweck hat, die Afterpartien zu entspannen. Man erfasst das Gesäß mit beiden flachen Händen, nimmt eine hockende Stellung ein, um diese Partien hochzuziehen, und sobald das Maximum der Spannung erreicht ist, lässt man das Gesäß zurückschnellen. Dies wird einige Male wiederholt.

31. Der Erfolg dieser Behandlung wird überraschen. Nach einiger Zeit kann man damit aussetzen und nur noch morgens behandeln. Diese von Zaraduscht gegebene Anwendung dient zur Kräftigung und Entspannung der Partien, während die heißen Bäder der Entwicklung dienen. Beim Gebrauch kalten Wassers sei man sehr darauf bedacht, dass man die empfindlichen Organe nicht erkältet und gebe sich erst zufrieden, wenn sie gut durchblutet, also warm und leicht gerötet sind. Sollte eine ausgesprochene Erkrankung, Entzündung oder Absonderung vorliegen, so unterlasse man die kalte Behandlung bis Gesundung, die heißes Wasser erheischt. Nach Waschungen ist leichtes Salben der Haut eine Selbstverständlichkeit. Man verwende hierzu abwechslungsweise eine Mischung von Knoblauchöl oder von Eukalyptusöl mit einem neutralen Öl Regenerations-Hautpflegeöl, in nicht zu scharfer Dosis.

32. Eine weitere Notwendigkeit für den emporstrebenden Mann ist die Beschneidung. Über diese Maßregel sagt ein moderner Arzt, der den Wert dieses uralten Gebrauches erkannte: Namentlich aber möchte ich die hygienische Beschneidung befürworten. In dem Präputivum (Vorhaut) haben die Wolllustnerven ihren hauptsächlichsten Sitz. Die Circumcision (Abnahme der Vorhaut), welche von der altägyptischen Priesterschaft vor Tausenden von Jahren eingeführt worden war und jetzt noch bei den Muhammedanern sowohl als bei den Juden rituell allgemein gebräuchlich ist, hat eine ungeahnt hohe gesundheitliche Bedeutung. Der rohe Sinnlichkeitstrieb wird durch die in der Kindheit vorgenommene Beschneidung erheblich herabgemindert, was namentlich in den Jahren der Pubertät von höchster Wichtigkeit ist. Dem verderblichen Laster der bei den christlichen Völkern erschreckenden Schaden stiftenden Selbstbefleckung mit all ihren Folgen von sexueller Neurasthenie usw. wird durch die rechtzeitig vorgenommene Bescheidung tatkräftig wirklich Einhalt getan. Bei den Juden wird bekanntlich am 8. Tage die Circumcision vorgenommen, bei den Mohammedanern im 13. Lebensjahre. Außerdem hat aber die Circumcision namentlich den ganz gewaltigen Vorteil, dass sie, weil sie die Schleimhaut der Eichel in folge ihrer Blosslegung

widerstandsfähig macht, ein Hauptschutzmittel gegen die Geschlechtskrankheiten, vor allem gegen eine syphilitische Infektion mit deren unzählbaren Folgen zweifellos darstellt.

33. Außerordentlich groß ist auch der Einfluss der Circumcision auf das Nervensystem. Der Mann wird dadurch ruhiger, gelassener und dabei geistig geweckter. In jedem Falle begegnen wir großem Staunen über die Wirkung, die die kühnsten Erwartungen bei Weiten übertrifft. Ganz besonders bemerkbar wird der Einfluss der Studierenden – vorher medianisch lernend, gewannen sie mit einem Schlage ihrer Arbeit das denkbar größte Interesse ab. Der rege Geist des Judenvolkes ist nicht zuletzt dem Einfluss der Beschneidung zuzuschreiben. Rabbi Jesus sagt über ihren Ursprung: Moses hat euch die Beschneidung verordnet, nicht dass sie von ihm herrührt – sie stammt von den Vätern.

34. Noch eine Anwendung für beide Geschlechter. In der Jahreszeit, die uns frische Pfefferminzblätter bietet, haben wir in diesen ein ausgezeichnetes Mittel zur Kräftigung der Geschlechtsorgane. Man mache sich einen T-Verband, also zwischen den Beinen bis zur Nabelhöhe aufwärts und dann quer um die Hüften. Unter den aufwärtsgehenden Verband lege die Pfefferminzblätter, doch sorge dafür, dass die heiklen Organe nicht gedrückt werden. Die Anwendung ist vier Wochen lang zu machen, Während dieser Zeit kaue man fleißig Pfeffermineblätter und trinke Pfefferminztee, dies verstärkt die Wirkung.

35. Betrachte diese Behandlungen als einen Opferdienst, und bedenke wohl – ein Opfer hat nur dann Wert, wenn es im richtigen Geist gebracht wird. Denke über den Zweck der Lebenssäfte nach und freue dich inniglich über die Auflösung und Ausscheidung morscher, alter Substanzen, so wird dir dein Opfermut den rechten Segen bringen. Mit dem Dichter Goethe wirst du bekennen:

Lange hab ich mich gesträubt,
Endlich gab ich nach!
Wenn der alte Leib zerstäubt,
Wird der neue wach.

Und solange du dies nicht hast
Dieses „Stirb" und „Werde"
Bist du nur ein trüber Gast
Auf der dunklen Erde!

ELFTERABSCHNITT

Das notwendige Gleichgewicht für das Magnum Opus.

DIE WAGE

Die da saßen im
Lande und im Schatten des
Todes, denen ist ein Licht aufgegangen.

1. Sokrates sagte, er werde nicht glauben, dass die Wollust der Zweck dieses Lebens sei, wenn gleich alle Säue, Geier und Wölfe das behaupteten und das Fleischessen priesen; er werde ihnen doch niemals recht geben. Denn eben das Fleischessen, die Infektion mit tierischen Intelligenzen, denen ein mächtiger Fortpflanzungstrieb innewohnt, vereitelt auch die besten Vorsätze zum Ausbau und zur Entwicklung des Innenlebens. Solange er diese Verunreinigung nicht überwindet, muss der Mensch Sklave des Tierreiches bleiben und er wird in seinen Handlungen dessen Wünsche und Bestrebungen zu vollbringen gezwungen sein.
2. Zaraduscht sagt uns: Wir haben kein Recht, anderen Vorschriften zu machen, die unseren persönlichen Erfahrungen entspringen. Gewisse Gesetzgeber haben verordnet, dass die Frau alle zehn Tage einmal befriedigt werden müsse, während andere der Meinung waren, dass es genüge, wenn dies monatlich oder gar jährlich einmal stattfinde. Alle diese Verordnungen sind nur individuelle Ansichten, die ihre Verfechter persönlich für gut befunden hatten. Auf dieser rein persönlichen Meinung fußend, verlangen sie dann, dass alle Menschen so leben sollen. Ja, es gibt Leute, die behaupten, der Geschlechtstrieb müsse notwendig täglich befriedigt werden. Aber diese Leute erkennt man schon auf den ersten Blick – sie können uns schwerlich als Vorbild dienen. Wir lehren, dass jedes Individuum früher oder später selbständig zu einer Auffassung dieser

Sache kommen muss. Die Enthaltung vom geschlechtlichen Verkehr ist durchaus nicht jedem Temperament anzuraten. Das materielle wird nie Befriedigung im Verzicht finden, das spirituelle wird schwerlich imstande sein, seine Leidenschaft zu beherrschen, das intellektuelle Temperament mag jedoch großen Nutzen aus der Enthaltung ziehen, vorausgesetzt freilich, dass es mit Konzentration, Interesse und Liebe ein hohes Ziel verfolgt, denn diese Konzentration ist die unerlässliche Vorbedingung der Absorption der Lebenssäfte.

3. Wer dieses Problem nüchtern betrachtet, wird bestätigen müssen, dass die Sinneslust auf ihrem Höhepunkt nichts als Illusion ist. Selbst der stärkste Katzenjammer, durch den extremstem Alkoholrausch hervorgerufen, hinterlässt keine so große Leere und Erschöpfung, wie der Verlust von Lebenssäften. Pythagoras sagt denn auch jenen Leuten, die ihn nach der günstigsten Zeit zur Befriedigung der Geschlechtslust fragen, dass dieser Zeitpunkt stets da sei, wenn es dir daran gelegen ist, einen bedeutenden Verlust zu erleiden. Im Allgemeinen ist der geschlechtliche Verkehr zu einem bloßen Genussakt erniedrigt worden und hat sich zu einer Gewohnheit entwickelt, die schreckliche Folgen hat. Ruiniert sie doch, besonders wenn der eine Teil der Ehegatten anderen Naturelles ist, die Gesundheit beider, von Frau und Mann und führt das Verderben, den Verfall der Rasse herbei. Ganz besonders haben die Nachkommen darunter zu leiden, die zumeist Zufallskinder sind, Kinder die nicht eigentlich gewünscht wurden. Sie müssen sowohl den Eltern, als auch der Gesellschaft zur Last fallen.

4. Sowohl das Nervensystem als auch das Hirn erleiden durch den Verlust der durch die Arbeit von Tagen oder Monden erzeugten Quintessenz der zu ihrem Aufbau, zu ihrer Erhaltung bestimmten Substanz eine große Schwächung. Fällt diese Ernährungsfunktion aus, so treten Erscheinungen auf, wie wir sie beim Aufhören der Tätigkeit der Schilddrüse und beim Versiegen des Lebensquells im Alter tausendfach zu beobachten Gelegenheit haben: Degeneration der geistigen Fähigkeiten in folge Schrumpfung der Nervensysteme des Leibes und Hirnes, die zu geistiger Inferiorität und frühem Tod führen.

5. Der Heilige Augustinus bekennt: Einst in meinen jungen Jahren erglühte ich vor Gier die Freuden der Hölle auszukosten, und ohne Scham vertierte ich im Wechsel finsterer Liebessünden. Ich taumelte durchs Leben in Unzucht und Hurerei und vergeudete, vergoss und verpritzte meine Kraft. Da verblühte meine Schönheit und Fäulnis ward ich. – Schiller sagt über

die sogenannte Liebe treffend:

Manchen hat ins Elend sie gestrudelt,
Eingetrillert mit Sirenensang,
Dem im Herzen warme Kraft gesprudelt,
Und des Ruhms Posaune göttlich klang.
An des Lebens Vesten lekt die Schlange,
Geifert Gift ins hüpfende Geblüt,
Knochen dräuen aus der gelben Wange,
Die nun aller Purpur flieht.
Hohl und mager, wandelnde Gerippe,
Keuchen sie in des Kozytus Boot.
Gebt den Armen Stundenglas und Hippe,
Huh! – und vor euch steht der Tod!
Jünglinge, o schwöret ein Gelübde,
Grabet es mit goldnen Ziffern ein.
Fliehet vor der rosigten Charybde
Und Ihr werdet Helden sein!
Tugend stirbt in der Erynen Schosse,
Mit der Keuschheit fliegt der Geist davon,
Wie der Balsam aus zerknickter Rose,
Wie aus rissnen Saiten Silberton.
Venus Finger bricht des Geistes Stärke,
Spielet gottlos, rückt und rückt
An des Herzens feinem Räderwerke,
Bis der Zeiger des Gewissens – lügt!
Eitel ringt, und wenn es Schöpfung sprühte,
Eitel ringt das göttlichste Genie,
Martert sich an schlappen Saiten müde,
Wohlklang fließt aus toten Trümmern nie.

6. Der törichteste der Toren folgt dem Triebe der himmlische Wonnen vorgaukelnden Leidenschaften und vergeudet sein köstlichstes Gut im flüchtigen Genusse des Augenblicks und schwächt leichtsinnig, oder vielmehr sinnlos und gedankenlos sein Lebenskapital. Wie der Verschwender damit rechnet, dass er Erbschaften zu machen habe, so rechnen diese Toren mit ihrer unverwüstlichen Natur! So lang der Wirt nur weiter borgt, sind sie vergnügt und unbesorgt! Bist du ein Weiser, so

bekunde dies durch weise Anwendung deines Kapitals. Gebrauche nicht die durchsichtige Ausrede, es sei ein Segen, zahlreiche Nachkommenschaft in die Welt zu setzen, denn fürwahr, ein großer Mensch war deinem Volk stets mehr, als tausend Teilmenschen! Statt also deine Kraft an ein Dutzend Durchschnittsmenschlein abzugeben und zu verteilen, anstatt dessen behalte sie in dir und für dich und suche mit ihrer Hilfe in diesem deinem Körper, in diesem Leben selbst dem großen Ziele näher zu kommen.

7. Das Zölibat ist für viele Menschen richtiger, als der Verkehr – dass seine Durchführung nicht wider die Natur ist, wird jeglicher bestätigen, der unsere Lehre in die Praxis umsetzt. Der Vestalinen- und andere Priesterinnenorden zarathuschtrischer Ordnung der alten Zeit sind unwiderlegliche Beweise dafür. Errangen doch diese im Zölibat lebenden Priesterinnen die höchste Achtung und Autorität unter ihren Zeitgenossen durch ihre hervorragend klare Urteilskraft und Einsicht in die verworrensten Verhältnisse. Die berühmtesten Staatsmänner und Feldherren unterbreiteten ihnen ihre Probleme und fügten sich ihrem Schiedsspruch. Allerdings befolgten die Vestalinen die Vorschriften der Lebenslehre gewissenhaft, was bei späteren Anhängern des Zölibates selten der Fall war. Darum auch konnten die nicht viel anders als die Menge lebenden Vertreter des christlichen Zölibates niemals eine der der Vestalinen ebenbürtige Rangstufe erringen. Das Volk selbst, das mit vollem Recht Beweise der Heiligkeit verlangt, zollte denn auch den Nonnen und Mönchen – mit wenigen Ausnahmen der Reinheit ergebener – nie jene Verehrung, wie sie die Vestalinen genossen hatten.

8. Auf Schritt und Tritt begegnen wir im täglichen Leben Belegen für diese Auffassung der Alten von den geistigen Vorteilen der Enthaltsamkeit, Beweisen, die jedem, der sie einmal erwogen hat, das Zölibat auf seinem ferneren Lebens-weg zum Leitstern machen. So wollen wir hier auch einige anführen, um zur Selbstbeobachtung anzuregen. Ein armer Student, der nie in der finanziellen Lage war, die ausgelassenen Vergnügungen seiner Kommilitonen mitzumachen, dient uns als Beispiel. Während seine Kameraden ihre besten Kräfte, wie dies unter Studenten so üblich ist, in tollen Exzessen verpufften, saß er daheim in seinem Kämmerlein und arbeitete. Beim Examen, das er als Erster bestand, bewies er, wie sehr er seinen Kameraden geistig überlegen war und selbstverständlich stand ihm eine glänzende Karriere offen. Als mittelloser Mann, das fand er bald heraus, konnte er trotz seiner Fähigkeiten nicht recht vorankommen, und so entschloss er sich zu einer Geldheirat. Mit der Vermehrung seiner Familie

aber ging auch seine geistige Degeneration einher und er, der einst zu den glänzendsten Leistungen Prädestinierte sank auf die Stufe der Mittelmäßigkeit.

9. Ein anderes Beispiel. Goethe verlebte eine ausgelassene Studentenzeit und demgemäß sind seine Produkte aus diesen Jahren. Doch, als schließlich sein guter Genius den Sieg davontrug, mied er alles Zerstreuende. Ein großer Gedanke begann ihn zu beschäftigen, eine neue Lehre, die in ihm Wurzel schlug, er lernte die unter der Flagge der Rosenkreuzer verbreiteten zarathuschtrischen Lehren kennen. Als er sein Leben danach einrichtete, begann er Unsterbliches zu schaffen. Sein Verhältnis zu Frauen änderte sich von Grund auf – ohne sich abzusondern, pflegte er reine Freundschaften und empfing daraus die größte Förderung. In Goethe haben wir einen Zeugen dafür, wie sehr die Verwertung der Lebenssäfte auf eine höhere Stufe entwickelnd wirkt – die Abgüsse der Form seines Schädels in den verschiedenen Lebensaltern weisen eine fortschreitende Entwicklung des Hirnes auf.

10. Die Konzentration auf ein Lebensideal bewirkte hier den Fortschritt zu seltener Größe, im ersteren Falle führte die Abkehr davon den Verfall herbei. Es ist ja hinlänglich bekannt, dass Dichter und Künstler ihre herrlichsten Werke inmitten der größten Entbehrungen schufen, sobald aber der Ruhm kam, mit ihm der materielle Überfluss und die damit einsetzende Verderbnis der Säfte infolge üppigen Essens, Trinkens und Sichauslebens, ging es ihnen wie einem Kerzenlicht, dem die Luft entzogen wird: Die Genialität erlosch – sie wurde buchstäblich durch den Schlamm des Lebens erstickt.

11. Es sind ihrer nur Wenige – auf wie viel Millionen kommt ein Einziger? – die durch konzentrierte Tätigkeit für ein Ideal eine gewisse Stufe der Wiedergeburt durch unbewusste Verwertung der Lebenssäfte errangen – **es gehört schon eine ganz vorzügliche vorgeburtliche Veranlagung dazu** – und in dem Maße sich dieses Geschlecht weiter vermehrt wie eine Kaninchenbrut, in dem Maße muss sich auch durch die immer mangelhafter werdende Nerven und Hirnsubstanz die Zahl jener verringern, die Kraft aufbringen, sich dem Sumpfe zu entziehen.

12. Wir alle bedürfen der sorgfältigsten Pflege und der gründlichsten Reinigung, um uns den vorgeburtlichen Einflüssen zu entwinden und in die elysälschen Gefilde emporzuschwingen. Unablässiges Bedenken des Zieles, unentwegtes Nacheifern der großen Erlöservorbilder durch die Runen aber wird uns rasch in eine Verfassung bringen, in der uns der

Fortschritt leichter gemacht ist. Bedenke es aber jeglicher stets und immer, dass er die Wiedergeburt nicht erkaufen kann, dass niemand ihn befreien kann, als er selber. Geld regiert die Welt, ist euer Um und Auf. Doch gäbt ihr eure Münzen all in Kauf, kein Deut dafür wird euch vom Lebenslauf.

13. Doch wähne man nicht, ein hermetischer Abschluss, ein Einsiedlerleben werde Fortschritt bringen können. Wer sich in Gegenwart des anderen Geschlechtes nicht frei halten kann von Einflüssen, Gefühlen und Gedanken vergiftender Art, dessen Mangel an Konzentration und Selbstbeherrschung wird sich auch in Weltabgeschiedenheit nicht ändern. Und wenn man gleich manchen Klosterbewohnern sogar das andere Geschlecht des Tierreiches aus seinen Augen verbannte. Inmitten der Gefahren der Versuchungen und Anfechtungen bildet sich der Charakter!

14. Man bedenke stets und immer, dass das andere Geschlecht eine Ergänzung des eigenen ist, und dass das eine ohne das andere niemals einer Entwicklung teilhaft werden kann. Doch muss der Verkehr von einem Gesichtspunkt erfolgen, der eine unbeschreibliche Zaubermacht hat, in jenem Geiste, der die Essenz der wenigen glücklichen Ehen ausmacht: Dem Geiste der Brüderlichkeit und Schwesterlichkeit. Oder, was noch besser ist: Von jenem Standpunkt der gegenseitigen Hochachtung, Ehrerbietung und reinen Liebe, die einen Sohn an seine liebe Mutter knüpft, und die Tochter an ihren lieben Vater!

15. Man weile nicht lange in Kreisen, wo dieser Geist fern ist, man wappne sich mit verdoppelter Entspannung, mit beobachtender und unterscheidender Konzentration in einer Atmosphäre, wo ein leichtgeschürzter, frivoler Geist mit seinem Gift die schwachen Herzen in den Strudel seines Leichtsinnstaumels reißen will. Doch schließe man sich nicht ab und werde nicht weltfremd. Man studiere und sammle Eindrücke, aber lasse sich nie und nimmer von seinem neuen Standpunkt abbringen. Nichts kann dich in deinem Streben so festigen und deinen Gedanken so sehr kräftigen, als eben das Imaugbehalten der Motive, Resultate und Folgen der geschlechtlichen Verirrungen. Prüfe auch täglich in der Abendkritik deinen Geist in deinem Kämmerlein, beobachte deinen Leib mit dem Barometer deiner Sinne und du wirst jene unseligen, kranken Bezirke finden, in denen die Unrast eines Geistes wohnt, der kein menschlicher ist und sodann impfe deinem Leib, mit rücksichtsvoller Liebe atmend, Reinheit und damit einen edleren, einen menschlicheren Geist ein.

16. Immerhin, du hast den Tag verspielt, an dem du dich hinreißen ließest. Wer ein Weib (Mann) ansieht und sie begehrt, der hat in seinem Herzen

94

schon die Ehe mit ihr gebrochen. Wenn dich aber dein rechtes Auge ärgert, so wirf es von dir, denn es macht weniger, dass eines deiner Glieder verloren gehe, als dein ganzer Leib. Dieses Wort gilt auch den Frauen. Wer die Wahrheit dieser Mahnung Christi an sich prüft, wird finden, dass das Denken auf die Lebenssäfte einen absoluten Einfluss ausübt, dass es sie beseelt. Ist der Gedanke darauf gerichtet, das Hirn zu vervollkommnen, so werden die damit beseelten Lebenskeime dahin aufsteigen, gibst du ihnen den Befehl: Mach mein Auge klarer, so erfüllen sie dort ihre Mission. Gibst du aber irgendwelchen Einflüssen des Triebes der Fortpflanzung Freiheit, die Keime mit dem Gedanken an die Fortpflanzung zu beseelen, so erhielten die Lebenskeime eine Aufgabe, in deren Geistesverfassung sie dich so lange plagen werden, bis du sie durch mühsame Pflege los wirst. Da sie durch deinen Wunsch nicht mehr die Bestimmung haben können, da oder dort im Leibe zu wirken, sondern vom Gedanken an die Selbständigkeit, an die Loslösung von ihm beseelt sind, also zum selbständigen Wirken als Sonderindividualität bestimmt, werden sie, wenn du sie zwingst im Verband deines Organismus zu bleiben, unentwegt nach ihrem Ziel hin wirkende Fremdkörper sein, die Krankheit und Auflösung in deinen Leib bringen.

17. Hier ist Weisheit! Wer denken kann, der begreife! Nicht dass es in unserer Absicht läge, jene Leute, die nicht denken wollen, zu überzeugen. Viele Wege sind vor jeglichem ausgebreitet. Der Mensch hat freie Wahl – und er mag dahin streben, wohin ihn sein Herz treibt. Er bestimmt sein Schicksal selber, je nach dem, **wen** er sein Lebensschifflein steuern lässt. Die meisten setzen, als ob sie innerlich der Meinung waren, dass sie in der heutigen Verfassung die Erlösung nicht herbeiführen können, ihr Streben darein. in der Form eines Kindes aufs Neue auf den Plan zu treten, um wieder mal von vorn anzufangen. Doch – wird dein wiedergekommenes Ich mehr Chancen haben, als du? Gewiss, jedoch, nur bei der bewussten Zeugung entsprechend, dem euch treibenden Geiste und nach dem Grad der Lebenskraft, die es von den Eltern mitbekommt. Das hängt von Mann und Frau gleichermaßen ab. Ein Mensch, der daran geht, ein Haus zu bauen, wendet seine größte Aufmerksamkeit auf das Fundament, der Schiffbauer legt den Kiel mit dem größten Bedacht, ein Winzer pflanzt seine Reben nach gewissen Regeln – aber alle Menschen zeugen Kinder im Rausche. Nicht so die Tiere! Wer kümmert sich heute noch um diese Regeln der Alten Das neue Geschlecht ist ein Geschlecht von Zufallskindern und die meisten Menschen treten wieder ins Rad des Zufalls ein, weil sie nicht

anders denken.

18. Ist der gütige Schöpfer daran schuld? Nein, gewiss nicht! Unsere Voreltern folgten einem Gedanken, vor dessen Konsequenzen alle Rasseführer warnten – sie zeugten ihre Kinder in einem Zustand der Betäubung, betört vom Sinnenrausche, der nur bei vollständigem Mangel an Konzentration, in einem Stadium der Zerfahrenheit möglich ist. Es gibt viele Leute, die kühn behaupten, ihre Kinder wären bewusst gezeugt. Fern liegt es uns, ihre Aussage anzuzweifeln, oder ihre Freude an der Gutgläubigkeit dessen, dem sie dies erzählen, zu zerstören. Jedoch, an ihren Früchten werdet ihr sie erkennen. Meister Zaraduscht hat uns diesbezüglich in seinen „Hermetischen Schriften" einzig dastehende Erläuterungen gegeben.

19. Wie könnte die neue Generation auch besser werden als die elterliche, wo doch die unbewusst gezeugten Eltern nur eine minderwertige, verschlechterte Ausgabe ihre Vorfahren sein können, wo die Lebensverhältnisse und der Zeitgeist durch die darum auch stets unerhörter werdende Macht des Egoismus der Befreiung und Erlösung immer größere und schier unüberwindliche Hindernisse in den Weg legen! Ja, wenn nicht an den reinen Zufall glauben, so kann nur ein besonders gnädiger Umstand Glieder dieser Generation vor weiterem Verfall bewahren.

20. Durch den Triumph über die Sinnlichkeit beweist der Mensch, dass ihm das Prädikat wohlgeborene zusteht. Sinnlichkeit ist immer Blindheit oder Gedankenlosigkeit, ein Zustand der Leiden-schaft und schaffen muss. Das Wort sagt es. Ja, deutlich genug, dass man von außen her geleitet und beeinflusst wurde – die Sinne ließen sich so sehr verblenden, dass der Mensch ohne eigenen Willen, getrieben, einem Triebe folgend, blindlings, ohne das Innere Auge zu gebrauchen, handelte. Man prüfe alles, was fesseln möchte und frage sich stets, ob es sich auch wirklich lohnt, die Freiheit aufzugeben, sich einem fremden Einfluss und Willen zu unterwerfen. Sobald das Innere Auge wird, findet man sogleich heraus, ohne erst Erfahrungen sammeln zu müssen, dass das, was die Sinnlichkeit. erst herbeiführt, eine Luftspiegelung einer erquickenden Quelle in der Ebene ist, die der Dürstende für Wasser hält, bis dass er, wenn er zu ihr kommt, nichts vorfindet. Niemals noch errang ein Mensch durch das Nachfolgen der Gaukelbilder der Sinnlichkeit das Paradies, nachdem der Rausch der Erwartung den Höhepunkt überschritten hat, findet er sich ausgeplündert in einer schaurigen Wüste.

21. Der Sinnliche begibt sich also des Fortschrittes. Und nicht die

Absonderung bewahrt vor Fehltritten, vielmehr die Stärkung des Charakters inmitten der Welt. Der Mann hat die Frau nötig zu seiner Entwicklung und die Frau kann den Mann nicht entbehren. Was soll nun aber an Stelle der Sinnlichkeit treten? *Die wahre Liebe! Liebe ist eine Fähigkeit, sie ist ein reines Feuer, das der wahren Religion entspringt – ein Ergebnis harmonischer Einung elektro-magnetischer Kräfte und durchaus nicht Leidenschaft oder schwärmerische Gefühlsduselei, die der Zerstreuung der Kräfte gleichkommt.* Wenn der Zeitgeist die Bezeichnungen des Besten und Edelsten für den Gegensatz der damit ursprünglich gemeinten Sache usurpiert hat, so dürfen wir uns deswegen nicht auch irreleiten lassen. Wir haben nicht nur in uns selber Ordnung und Klarheit zu bringen, sondern auch in die babylonische Verwirrung unserer Sprache.

22. Die wahre Liebe ist ein geistiger Zustand – der nur da möglich ist, wo die Vorbedingungen zu seiner Wirksamkeit vorhanden sind. Sie ist eine Verbindung zwischen männlich und weiblich und aus diesem Zusammenströmen beider zur Einheit entsteht Licht, Wärme und Kraft – ein himmlischer Zustand, der so lange währt, als weder der eine noch der andere Teil sich ablenken lässt. Ein wechselseitiges Geben und Ergänzen. Die Naturverständigen sagen uns, dass durch Annäherung lebender Körper unsichtbar wirkende Kräfte tätig werden, ineinander übergehen und sämtliche Beziehungen herstellen. So erklärt es der sensitive Dichter. Schon der Gedanke an den fern weilenden Freund kann diese Beziehungen herstellen – die wahre schöpferische Liebe kennt keine Grenzen!

23. Die wahre Liebe wirkt gleich dem milden Licht der Sonne die Kräfte mehrend, also entwickelnd und gesundend, während das Strohfeuer der Leidenschaft und der Schwärmerei die Kräfte verzehrt und in den Abgrund führt. Wer sich diese Liebe nicht vorstellen kann, der denke an die Gefühle des gut gehegten Kindes zu Mutter oder Vater und scheide die etwa damit vermischten egoistischen Empfindungen aus. Leute, die durch die wahre Liebe verbunden sind, verstehen sich, ohne viel Worte zu machen, sie sind, obwohl zwiefach in der Erscheinung, Eins in der Wesenheit, wie jener Mensch Eins wird mit Gott, der die wahre Religion ausübt.

24. Jedoch ist es nicht möglich, die wahre Liebe herzustellen, zu schaffen und wirken zu lassen ohne die vollständige Herrschaft über sich selber, ohne Selbstkontrolle und Selbstzucht! Solange fremde, unreine Geister ihn oder sie in ihren Krallen halten, solange die nicht aus den Menschen gefahren sind, kann die wahre Liebe nicht wirken oder keinen Bestand

haben. Vergessen wir nicht, die geistige Kraft – und die Liebe ist durch sie wirksam – bedarf eines wohlbestellten Nervensystems, um wirken zu können und bedenken wir immer, dass es da, wo durch Leidenschaft Nervensubstanz vergeudet wird, aus diesem Grunde ein Unding ist, von Liebe zu reden.

25. Der zarte Keim der wahren Liebe, der einst immerhin vorhanden gewesen sein mag, wird in der Ehe alsbald durch Mangel an Selbstzuch auch noch ausgelöscht. Und wie man aus einem schönen Traum erwacht, so finden beide sich vom erträumten holden Paradiesesidyll weit entfernt, ausgestoßen in ein Zuchthaus der Unfreiwilligkeit, der Pflicht, dessen Tore Engel mit dem Flammenschwerte bewahren. Statt der unnennbaren Seligkeit, die die zur Harmonie der Einheit verschmolzenen Zwei empfinden, fühlt er sie und sie ihn als Last. Wo die wahre Liebe jedem die Hälfte seiner Lebenslast abnahm, fühlt jetzt ein jedes auch noch des Anderen Last auf seinen Schultern. Und was Wunder, wenn da sein, oder ihr ungestilltes Verlangen nach Liebesglück sich nach dem ersehnten Ideal umsieht und ihr Verhältnis vollends in die Brüche geht! Drum prüfe, wer sich ewig bindet – auf dass sie ewig grünen bliebe, die schöne Zeit der jungen Liebe!

26. Goethe sagt hierzu treffend: Eine Liebe kann wohl im Nu entstehen, und jede echte Neigung muss irgendeinmal gleich dem Blitze plötzlich aufgeflammt sein, aber wer wird sich denn gleich heiraten, wenn man liebt? Liebe ist etwas Ideelles, Heiraten etwas Reelles, und nie verwechselt man ungestraft das Ideelle mit dem Reellen. Solch ein wichtiger Lebensschritt will allseitig überlegt sein und längere Zeit hindurch, ob auch alle individuelle Beziehungen, wenigstens die meisten, zusammen passen.

27. Nicht nur eine offene Aussprache über den ganzen Komplex der Lebensfragen ist darum vor dem Entschlusse sich auf Lebensdauer zu binden nötig, sondern auch die absolute Sicherheit des Empfindens, dass sie ihn und dass er sie in Momenten der Schwäme wieder zu nüchternem Denken zu bringen vermöchte. Es muss vorher ein hoher Grad der Brüderlichkeit und Schwesterlichkeit bestehen; frei vom Versteckspiel auf einer Seite, es muss ein Geist der Hochachtung herrschen, die er ihren edlen weiblichen Eigenschaften und die sie seiner wackeren Männlichkeit zollt. Und fände man kein voll entsprechendes Gegenstück beim andern Geschlecht, so ist es besser, man verheiratet sich nicht. Es wäre furchtbar, eines Tages konstatieren zu müssen, auf Lebenszeit gebunden zu sein, ohne voll miteinander zu harmonieren! In unzählbaren Ehen kommt dieser

Moment, da entweder er sich seinem Schicksal ergibt, oder sie sich mit einer untergeordneten Rolle abfindet. Mag auch manches Verhältnis dieser Art nach außen hin harmonisch scheinen, hier gilt das Wort: Wehe, wehe, dreimal wehe! Nur absolute Ebenbürtigkeit durch gegenseitiges gründliches Sichkennen gewährleistet dauerndes Glück, und nur solche Ehen garantieren den Fortschritt beider Teile.

28. Ein ungetrübtes, reines Verhältnis beider Geschlechter erzeugt eine Atmosphäre reinsten Glückes und fördert sie und ihn auf dem Wege der Wiedergeburt. Wie herrlich diese Liebe wirkt, das sehen wir in der Brautzeit. Er und sie, beide blühen auf und schaffen, von geheimnisvollen Kräften unterstützt, nie Geahntes. Es gibt keinen Menschen, der diesen Zustand nicht zu einem andauernden machen möchte, doch bezweifeln die meisten die Möglichkeit. Diesen diene ein Beispiel idealer Liebe aus alter Zeit, wo die urchristlichen Lehren noch da und dort in Klöstern geübt wurden. Die Urchristen schrieben der Wiedergeburt einen unverweslichen Leib zu und in den ersten christlichen Jahrhunderten wurden in der Tat nur jene Persönlichkeiten heilig gesprochen, deren irdische Überreste auch nach Jahren im Grabe nicht zur Beute von Würmern wurden, sondern intakt blieben. Diesen unverweslichen Leib betrachteten auch die Ägypter Jahrtausende vor Christus als Dokument der Erlösten! – Wenn auch dort die Priesterkaste zumeist durch das Einbalsamieren nachhalf, den Ahnen vornehmer Leute den Ehrentitel von Heiligen zu schaffen und ihren Nachkommen den Nachweis adliger Abstammung, so sehen wir daraus immerhin den ungeheuren Wert, der der Wiedergeburt beigelegt wurde.

29. In Assisi wird der Leib der Heiligen Chiara gezeigt, die dem Heiligen Franciscus von Assisi in schwesterlicher Freundschaft verbunden war. Das Ergebnis dieser reinen Verbindung ist eine wundervolle Illustration der Wiedergeburtslehre. Ein moderner Reisender berichtet hierüber: Die Heilige ist in einem Felsengrab aufgefunden worden und ruht nun in einem gläsernen Sarkophag. Wir sahen die Gestalt in tiefem Frieden. Der Kopf trat deutlich hervor, die Haut des Antlitzes war eher straff als eingeschrumpft. Asche, die selbst über sechs Jahrhunderte hinweg im Banne des Geistes geblieben war, dem sie während ihrer irdischen Wirksamkeit diente.

30. Doch wenden wir uns von diesem Bilde ab zur Gegenwart und ziehen wir daraus Nutzen zum Fortschritt auf dem Pfade des Lebens. Nicht ist es unser Ziel, eine bewunderte Leiche zu werden, sondern die Macht der Wiedergeburt durch schöpferische Tätigkeit in diesem Leben zu

dokumentieren. Wenn wir die Toten als Zeugen der Erlösungslehre betrachten, so haben sie uns einen großen Dienst geleistet. Mehr können sie nicht für uns tun. Sie dienen misstrauischen Leuten von der Sorte des Themas dazu, sich mit eigenen Augen zu überzeugen. Wir Lebendigen wollen uns des perlenden Weines freuen, ihn rein erhalten und ihn dankbaren Herzens restlos genießen. Und der Dank, den wir dem Geber zollen, zeige sich in der Art, wie wir ihn weise anwenden. Und in diesem Geiste sprechen wir täglich:

Wir danken dir o Vater heut,
dass du die Frucht der Reben,
den Wein der unser Herz erfreut
von Neuem uns gegeben.

*

ZWÖLFTER ABSCHNITT

Die vierblättrige Lotus-Blüte.

DIE BLÜTE

Er lässt die Sonne
scheinen den Toren und den Reinen,
und keltert hellen Wein, uns allen, Groß und Klein!

1. Unparteiisch, ohne Unterschied fördert die Sonne, dieser ergebene Diener Gottes, mit seinen Lichtstrahlen alles Wachstum auf Erden. Wo er

nicht gegenwärtig ist, da gähnt das Reich des Todes, in dem der finstere Egoismus des negativen Prinzips der Natur das Szepter führt. Hier Leben, dort Starre – hier Freiheit, dort Gebundensein! Wer beobachtet, wird hier den Schleier des größten aller Geheimnisse durchschauen und den Schlüssel finden, der ihm alle Tore der Wünsche öffnet.

2. Es hat jeder freie Wahl. Doch wird er finden, wenn er sich für das Licht entscheidet, dass die Sonne jede Lebensform fördert, die vor ihr Antlitz tritt. Jeglicher hat für das, um was er bittet, selber die Verantwortung zu tragen. Säet er guten Samen aus, oder aber Unkraut, es steht in seinem freien Willen. Die Sonne fördert alles gleicherweise. Dem Keim in jedem Herzen entsprechen Freud und Schmerzen – was darin auch streben mag, die Sonne bringt es an den Tag!

3. Das Sonnenlicht entzündet das Leben, denn es entquillt dem Borne des Lebens, dem Herzen des Förderers des Lebens dieser Erde, der mit seinen befruchtenden Samen das Erdenchaos zu neuem Leben zu erwecken strebt. In der Natur entwickelt das Sonnenlicht mit seinen Gehilfen auf tiefer Stufe stehende mineralische Elemente kraft der Erkenntnisgewalt zu Pflanzen, die Pflanzen auf die nächsthöhere Stufe und je weiter diese Entwicklung geht, desto vollkommenere Organisationen kommen zustande. Aus dem Streben der innewohnenden Intelligenzen heraus, eine innigere Durchleuchtung ihres Gebäudes, ihrer Welt, zu erzielen, um dadurch erfüllt zu werden mit jener Wonne, die einzig das Licht in sich birgt. Wie eine Hütte nicht viel Licht fassen kann, ein Palast aber eine mächtige Fülle dieser Essenz aufzunehmen vermag, so ist hierbei auch die Struktur, der Aufbau der Zellgewebe massgebend. So fand denn die Entwicklung der Elemente bis ins Tierreich gemäß dem Wunsche statt, eben an der herrlichsten Substanz des Alls mehr Teil zu haben, sich inniger zu vermählen mit dem köstlichsten Bestandteil des göttlichen Odems.

4. Ist es nicht also: All was da fleucht und kreucht, reckt und dehnt sich voll wonnigen Behagens in dem hehren Lichte – es krankt und stirbt im Dunkel. Was da sprosst, strebt es nicht empor zum Lichte? Mit ihren in liebliche Kleider gehüllten prächtigen Köpfen folgen die Blüten vom Anbruch des Morgens bis zur Abenddämmerung ihrer Bahn um den Segen der Sonne in sich aufzunehmen durch das offene Tor ihrer Bereitwilligkeit. Alles öffnet den Boten des Lichtes das Innerste des Herzens voll kindlicher Liebe, und diese Verbindung, diese mystische Vermählung und wahrhaftige Religion lässt den in seinen wunderbaren Fähigkeiten so köstlichen Samen entstehen.

5. Und ich, da ich ein Kind war, nicht wusste, wo aus noch ein, kehrt ich mein verirrtes Auge zur Sonne, als wenn drüber wär ein Ohr, zu hören meine Klage, ein Herz, wie meins, sich des Bedrängten zu erbarmen. So sahen auch die ältesten Völkerschaften mit dem Gefühl des Dankes im Herzen zur Sonne empor, als zur Leiter, auf der alle Bereiten emporsteigen können in das selige Lichtgefilde. Die Sonne wurde als herrlichstes Kleid des allgegenwärtigen Gottes gepriesen. Spitama Zarathuschtra spricht es aus: Die schönste unter den Gestalten sprechen wir dir zu, o Ahura Mazda: Das Licht hier, und jenes Höchste unter den Hohen dort, was Sonne heißt

Ja, des Lebens Glück und Wonne,
Strömt aus dir, du hehre Sonne!
Herr der Himmel und der Erden
Kannst allein benannt du werden.
Über dich hat keine Macht
Auch die allerfinsterst Nacht,
Allem, was da lebt und lacht,
Hast die Liebe du entfacht!
Was ich hier auch schauen mag,
Lobet dich, du lichter Tag!
Du veredelst unser Blut
Du verleihst uns Kraft und Mut;
Nichts, was nicht zu dir aufblickt,
Nichts, was nicht du hast beglückt!
Jede Knospe, die da blühet
Hast mit Kraft du stets durchglühet,
Hast gefördert sie zum Samen:
Deine Liebe tat´s, Ja! Amen.
Jeder Stein und jede Pflanze
Spiegelt sich in deinem Glanze
Alles preist dich nimmermüd,
Im schönstgetönten Jubellied!
Vom Äquator zu den Polen
Hör ich dir Verehrung zollen!
Drum ist unter uns ein jeder,
Deines Lichtes treu Anbeter!

6. So ist auch zur Durchführung der Wiedergeburt das Licht der Sonne

unentbehrlich. Zaraduscht sagt: Das Sonnenbad ist der einzige Jungbrunnen, der dauernde Jugend verleiht und die einzige Quelle, aus welcher das Lebenselixier hervorgeht. Der Keim, der seine Reife durch Befruchtung oder Kreuzung mit dem geschlechtlichen Gegenpol erhält, beginnt seine Entwicklung zum Kinde, der Lebenskeim. von den Strahlen der Sonne befruchtet, gewinnt jene Reife, die ihn zur Individualität stempelt, zum Mikrokosmos Zelle im Makrokosmos Mensch macht. Es sind die Sonnenstäubchen, von den Alten Ätheroiden genannt, was diesen Prozess, diese Transsubstantiation vollführt. Diese Ätheroiden rufen das Leben überall hervor: Sie sind das atomistische Prinzip, das die modernen Philosophen bisher vergeblich in der Materie gesucht haben und nun in den Lüften zu wittern beginnen.

7. In dem Masse, als der Mensch von diesen Sonnenstäubchen in rechtem Geiste in sich aufnimmt, gewinnt in ihm der Meistergedanke Macht, der sich auf dem Wege des immer edler werdenden Nervensystems äußern wird. Darum auch gibt sich der wahre, der Geistesadel, das Kennzeichen des Wiedergeborenen, durch allseitiges, vollendetes, gerechtes, durch meisterhaftes Denken kund – und es gibt kein anderes Zeichen, keinen anderen Beweis seiner Rangstufe. Wer auf Adel Anspruch erhebt, er sei auch, wer er sei – muss seinen Rang durch seine Denkungsart erweisen. Vermag er das nicht, und nennte er sich dennoch so, dann hat er den Titel Mazdaznan oder Meisterdenker usurpiert, der nur den wahren Kindern des Mazda, des Denkers gebührt.

8. Die entwickelnde, das Lebendige fördernde Wirkung der Sonne wird kein denkender Mensch leugnen wollen. Und wer das offene Buch der Natur aufmerksam studiert, kommt darauf, dass, obgleich alle Elemente der Materie im Uranfang ein- und dasselbe waren, ihre Entwicklungsstufe von dem Grade abhängt, als sie durch das Sonnenlicht belebt sind. Gleichen Ursprungs, aber verschiedenartiger Entwicklungsstufe und darum auch verschieden in den Fähigkeiten, im inneren Werte und dem Grade der Freiheit, und dementsprechend Tyrann, Sklave oder Freiherr. Das ist die Lösung des Mysteriums. Neuere Forscher bestätigen diese uralte Auffassung: Die Einheit der Elemente ist nämlich jetzt erkannt worden. Dass alle Elemente zuletzt wohl nichts, wie elektrisch geladene Urteilchen sind. Alle desselben Urstoffes, aber in verschiedener Anordnung und Gruppierung und Ladung, so dass daraus sich die verschiedenen Eigenschaften der Stoffe erklären. Aber nicht nur das, sondern auch, dass sich die Elemente umsetzen können. Dass z. B. durch Umsetzung

(Alchemie) aus Radium zuletzt Blei werden kann usw.

9. Tagtäglich kann der Beobachter hierzu seine Wahrnehmungen machen, auch ohne komplizierte Experimente. So sehen wir, wie der Frost aus einem Wassertropfen wundervolle Ornamente entstehen lässt, die das Vorhandensein, das Denken und sinnvolle Wirken einer Intelligenz verraten, deren Manifestation unser Erstaunen hervorruft. Jeder Schneekristall birgt eine Organisation, die sich den elektro-magnetischen Einflüssen anpasst, welch letztere keineswegs mechanischer Natur sind. Wirkt der Frost, so zieht sich der Körper zusammen und wird zum Kristall, wirkt die Sonne, ist die Luft mit Ätheroiden geladen, die in ihn eindringen, – es ist wie im Märchen von Dornröschen, – so belebt er sich zum demanten strahlenden Wassertropfen, und sobald er angefüllt ist mit den Ätheroiden, erhebt er sich in die Lüfte!

10. Welch wundervolle Erscheinung! Doch ungleich wundervoller ist die Konstruktion der Wasser des Lebens, des menschlichen Samentropfens. Auch darauf wirkt der negative Pol erstarrend ein, die Polarität aber, die durch die Einwirkung der Positivität entsteht, ätherialisierend, vergeistigend. Auch in unserem Organismus steigen die lebendigen Wasser auf und befruchten und veredeln die Organe schließlich in dem Grade ihrer Quantität und Qualität, ihrer Menge und Reinheit. Es ist eine Umwandlung, eine Transsubstantiation, was sich hier abspielt, und hierauf haben unsere Gedanken entscheidenden Einfluss! Nicht nur dass der Gedanke des Entgegenkommens, unser Wunsch und Wille den Abbau wesensfremder und unbrauchbarer Substanz möglich machen muss – er hat auch die Lebenskeime nach einem bestimmten Ziel hin zu dirigieren. Wie der bei der Zeugung herrschende Gedanke, in den Samen gepflanzt, in ihm fortwirken muss, bis ein neues Menschengebilde entsteht, wird der Same, mit der oder jener Aufgabe betraut, seine besondere Mission im Leibe treulich erfüllen.

11. Nun, um diesen Vorgang voll und ganz zu verstehen, um durch die Beachtung der Gesetze zur Gotteskindschaft zu gelangen, um vom Tiermenschen zum Gottmenschen erhoben zu werden, lasst uns weiter fahren mit dem Studium der Mittel und Wege. Doch zuvörderst noch eine Warnung vor Missbrauch. Wie respektiert der Mensch ein Fläschchen oder eine Schachtel mit der Aufschrift Gifte! Respektiere noch viel mehr das Licht der Sonne – es gleicht einem zweischneidigen Schwert! Denn höre wohl – welche Art von Keimen du zur Befruchtung bringst, diese wird in dir machtvoll wirken. Der Gedanke, welchen du hegst, er teilt sich den

Lebenskeimen mit, und welcher Art er auch sei, er wird mächtiger Wurzel fassen in dir als der eingefleischte Gedanke deiner Mutter, den du allmählich zu überwinden bestrebt bist.

12. Erwäge diese Punkte wohl, ehe du die folgenden Anleitungen durchführst, Du hast keine Ursache, darüber zu klagen, wenn du nicht vorankommst, wenn immer hartnäckigere Intelligenzen der Leidenschaft dich regieren – trotz dem Buchstaben nach korrekt durchgeführter Gebote. Du musst eben den ausschlaggebenden Gesetzen voll und ganz Rechnung tragen. Nichts, keine Entschuldigung kann dich davon entbinden.

13. Richte deine Gedanken beim Sonnenbad auf das erstrebte Ziel. Stelle dir den edlen Leibestempel der Erlösten vor, die heiligen Hallen eines Zarathuschtra, eines Buddha, eines Christus, eines Omar Khayyam, eines Mohammed! Male dir im Geiste die edlen Baumateralien aus, aus denen ein solches Bauwerk auferbaut ward, dessen Strahlenglanz der Menschheit nach Jahrtausenden noch ein ebenso köstliches Gut ist als die hehre Sonne! Diese erlösten Menschen vergeudeten ihrer Arbeit Frucht nicht im Sinnenrausche, auch nicht in Kampf und Streit, sondern sie fügten in ihrer Weisheit und Selbstzucht Baustein auf Baustein zu hehren Domen. Also konnten sie auch das ewige Leben, die Unsterblichkeit erlangen.

14. Und rufe dir ins Gedächtnis die Verherrlichung des Lebenselixieres, des Rebensaftes, Haoma genannt, die Zarathuschtra in Form eines Zwiegespräches in der Avesta kundgibt:

Zarathuschtra spricht zum personifizierten Haoma: Wer bist du, du Schönster in dieser sichtbaren Welt, den ich je zu Gesicht bekam, erfüllt mit strahlendem, unsterblichem Leben?

Da antwortete Haoma, der Todwehrer: Ich, o Zarathuschtra, bin der durch Reinheit heilige Haoma, der Todwehrer! Hole mich her, o Spitama, keltere mich, auf dass man mich trinke, preise mich so, wie mich die künftigen Erlöser preisen werden.

Darauf sprach Zarathuschtra: Verehrung dem Haoma! Wer kelterte dich als erster Mensch für die stoffliche Welt, welches Los wurde ihm zuteil, welcher Erfolg stellte sich bei ihm ein?

Da antwortete dieser: Vivanyat kelterte mich als erster Mensch für die stoffliche Welt.

Dieses Los wurde ihm zuteil, dieser Erfolg stellte sich bei ihm ein: Ein Sohn wurde ihm geboren, nämlich Yima, der Strahlende, schöne Herden besitzende, der hoheitsvollste der geborenen Menschen, der sonnengleich blickende, in dessen Reich Unsterblichkeit herrschte, Unter des tapferen Yima Herrschaft gab es nicht Kälte, noch Hitze, gab es nicht Altern, nicht Tod, nicht teufelsgeschaffenen Neid. Fünfzehnjährig dem äußeren Anschein nach gingen Vater und Sohn daher.

Schließlich spracht Zarathuschtra: Verehrung dem Haoma! Ich rufe zu mir herab die Begeisterung des reinen Rausches, der aus dir hervorgeht, herab die Kraft, die Sieghaftigkeit, die Gesundheit, die Wohlfahrt, das Gedeihen, das Wachstum, die sich auf den ganzen Leib erstreckende Stärke des Geistes, das allseitige Wissen; ich rufe sie herab darum, dass ich unabhängig unter den Wesen einhergehe, Anfeindungen überwindend, den Irrtum und die Illusion besiegend. Wenn wir dich trinke, bist du höchst förderlich, und bereitest für die Seele am besten die Bahn.

15. In diesem Geiste angewendet, wird das Sonnenbad zur Kelterung und Klärung deines Lebensweines auch dir jene Fülle von Segen bringen, den Zarathuschtra vor zehntausend Jahren so begeistert bezeugt. So strebe denn reinen Sinnes, von heiligem Ernste erfüllt, freudig nach dem vollen Sieg in deinem Inneren, indem du weder Gedanken der Leidenschaft, noch des Hasses aufkommen lassest. Höre wohl auf Christi Wort: Wenn du deine Gabe zum Altare bringst und du wirst da selbst dessen eingedenk, dass dein Bruder etwas wider dich habe, so lass deine Gabe vor dem Altare liegen – gehe erst hin und versöhne dich mit deinem Bruder! Das heißt, söhne dich im Herzen, im Gedanken mit Allem und Jedem aus, damit du den höchsten Frieden in die neuen Zellen impfen mögest.

16. Der nach Wiedergeburt Strebende verfährt mit seinem Leibe, wie der Gärtner mit einem Baume, den er veredeln will. Er darf ebenso wenig ängstlich und wehleidig sein wie der Gärtner, muss er bedenken, dass der große Baum, der nur kümmerliche Frucht hervorbrachte, oben durch das Aufpfropfen eines Zweiges edlerer Art köstlichere Früchte erzeugen wird. Nur dass diese Veredelung im Menschen ein viel weniger gewaltsamer Prozess ist als bei einem Baum, dessen Äste abgesägt werden. Vergegenwärtige dir dieses Bild des Werkes, das du zu vollbringen gesonnen bist und durchdenke alle Gesetze wohl, auf dass deine Arbeit keine vergebliche sei. Strebe wohl überlegt, wie einer, der weiß, dass selbst Gott nicht seine Schöpfung an einem Tage vollenden konnte.

17. Und banne die Ungeduld, die so viele plagt. Sie hören von dieser Lehre, glauben aufrichtig daran, dass sie die echte Erlösungslehre sei, doch sie hegen den hartnäckigen Gedanken, dieser ihr Glaube könne ihnen durch ein Mirakel plötzlich zur Wiedergeburt verhelfen. Du Tor! Sage mir, kannst du einen fruchtbeladenen Baum schon in dem Augenblick erwarten, wo du den

Samen in den Boden bettest? Alles, was etwas werden soll, muss Zeit haben, sich zu entwickeln. Bedenke diesen Umstand wohl, und wahrlich: Wie die Beerlein an der Sonn´ erglühn, so wirst allhier auch du erblühn!

18. Hast und Ungeduld sind die größten Hindernisse der Entwicklung. Darum auch erringen so wenige des Lebens Krone! Bezähme deinen Drang nach vorwärts, schaffe erst die unumgänglich nötigen (vierpoligen) Grundlagen, um das Ziel sicher zu erreichen. Nicht oft genug kann dies betont werden. Denn wer da hat, dem wird gegeben werden, dass er Überfluss habe, wer aber nicht hat, dem wird auch das genommen werden. Dieses Wort Christi bezieht sich auf die Wiedergeburt.

19. Vergegenwärtige dir nochmals den unschätzbaren Wert der bewussten Aufnahme der Lebenssäfte, indem du bedenkst, dass die genialsten Menschen jeder Zeit ihre Gedankenfrüchte ihr zu verdanken hatten. Und doch sagt Omar Khayyam von ihnen: Die wir geliebt, die Schönsten und die Besten, die Zeit und Schicksal aus den Trauben pressten – tranken den Becher einmal oder zwei, und schritten still durchs Schattentor im Westen Wie viel mehr wirst du leisten können, wenn du das köstlichste Getränk mit Bewusstsein und öfter aufnehmen lernest, wie sie. Das heilige Feuer der Eingebung der Dichter, Seher und Propheten, aus diesem Quell wird es dir zuteil. Und aus der Art des Rausches wird uns die Qualität deines Rebensaftes kund und offenbar.

20. Das Sonnenbad darf erst genommen werden, wenn man sicher ist, reine Nahrungssäfte zu erzeugen. Die Haut der Geschlechtsorgane ist vorher in der im 4. Abschnitt 14 gegebenen Weise zu pflegen und gleich nachher werden sie der Sonne ausgesetzt. Man trachtet den ganzen Apparat von allen Seiten bescheinen zu lassen und behandelt seine Haut in zarter Weise mit gut gesalbten Fingern. Anfänglich dauert dieses Sonnenbad drei bis fünf Minuten und wird wöchentlich einmal genommen.

21. Dieses Bad nimmt man an einem Orte, wo man vor Beobachtung und Störung absolut sicher ist – Leute, die den Zweck nicht kennen, könnten uns leicht der Unsittlichkeit zeihen. Man wähle jenes Zimmer, das man sein Heim und Heiligtum nennt so, dass die aufgehende Sonne es mit einem Strahle segnet. Am schönsten ist es, wenn man für das Bad den Sonne-tag wählt, wo die Konzentration weniger durch Gedanken an allerlei Tagesgeschäfte gestört wird. Doch eignet sich für den Konzentrierten gleichwohl auch jeder andere Tag. Ein Strahl genügt vollständig, man braucht nicht unbedingt die Fensterflügel weit zu öffnen. Alle Gedankenkraft von alltäglichen Sorgen abwendend, stelle ihre ganze

Spannkraft auf den Gedanken des Zwecks der Lebenssäfte ein – horche und fühle in dich selber – und du wirst deutlich wahrnehmen, wie die Säfte dem Marke entlang emporsteigen und sich im Organismus verteilen. Aus der silbernen Schale lass ich dich in die goldene laufen, spricht Zarathuschtra zu Haoma bei diesem Prozess. Oder man verrichte seine An-dacht in Form von Runen-Sprüchen und -Gesängen. Das harmonische Singen und Sprechen übt auch direkt auf die Schilddrüse einen heilenden und verteilenden Einfluss aus, was für die Durchströmung des Hirnes mit Lebenssäften von höchster Wichtigkeit ist.

22. Doch fasse man diese Gedankenkonzentration nicht falsch auf – Konzentration ist nicht Starre, Steifheit, Fixieren, sondern das Gegenteil. Konzentration ist wahre Religion, also harmonische Beobachtung und Entwicklung des ins Auge gefassten Gedankens. Als ob du Engelsschwingen hättest, so leicht muss sich dein Gehirn fühlen und dieser befreiende Sinn muss sich dem ganzen Wesen beglückend mitteilen. Der Mensch, der die Kunst der Konzentration erlernt hat, handelt wie ein Tonkünstler, er sucht erst bedächtig den Grundton und Leitgedanken zu finden, und diesen lässt er in den verschiedensten Regenbogenfarben der Tonleiter erstrahlen und erklingen, erst in sich selber, dann nach außen hin. Rhythmus nur sichert Entwicklung, Aufschwung und Freiheit, während die Starre des fixen Denkens Rückschritt, Selbstzersetzung und Sklaverei mit deren tausendfältigen Folgen herbeiführt.

23. Amte während deiner (runischen) Sonnen-Andacht allmählich auf deinen ganzen Leib – lasse das Lichtbündel und auch deine Gedanken von Ost nach West deiner leiblichen Erdkugel ihre segensreiche Aufgabe erfüllen, auf dass alle Zonen des Lichtes Freud und Wonnen empfangen mögen. Doch halte den Kopf und die Nabelgegend bedeckt. Lass dich auf einen Stuhl nieder, so, dass die Lehne das Licht nicht entzieht, wende der Sonne den Rücken, bedecke ihn mit einem Seidentüchlein, das allmählich nach oben gezogen wird um alle Wirbel, einen nach dem anderen, den Weg der Lebenssäfte, bestrahlen zu lassen. Die Farbe des Tüchleins sei auf keinen Fall grün oder schwarz. Salbe nachher die Haut mit wenigen Tropfen Regenerationsöl gründlich.

24. Wenn du diesen Brauch so gut ausführen lerntest, dass du fühlst, wie ein sanfter Strom dem Marke entlang nach oben steigt, so kannst du die Dauer dieses Sonnenbades weiter ausdehnen. Verteile kraft der Gewalt des sanften Gedankenrhythmus die Lebensströme (Rit) durch die vom Mark ausgehenden Kanäle in dein dürstendes Leibesland – es wird tausendfältige

Frucht bringen, gleich der Wüste, die von den Fluten des Nil gesegnet ward.

25. Nach dieser Andachtsübung wirst du Großes leisten können. Mit dem gleichen sanften Mute gehe alsdann hurtig an dein Tagewerk und lass dich tagsüber nicht aus dem Geleise bringen. Dein ganzes Tun und Lassen wird jene neue Gestalt annehmen, die Omar Khayyam in geheimer, dir nunmehr nicht mehr geheimnisvoller Sprache andeutet: Ihr Freunde, kommt zum Hochzeitsfest, und schaut: Ich hab ein neues Weib mir angetraut – ich ließ mich von der dürren Weisheit scheiden, und nahm der Rebe Töchterlein zur Braut. Und der verborgene Sinn seines weiteren Spruches enthüllt sich dir: Nur Trunkne hören, was die Rose spricht – ein Tor, ein enges Herz vernimmt es nicht! Verrate nicht das herrliche Geheimnis – im göttlichen Rausche schauen wir das hellste Licht!

26. Und fürderhin wird auch zu deinem dankerfüllten Gedenksprud:

Tropfen des Geistes, gießet hinein!
Leben dem Leben gibt er allein.
Eh er verdüffet, schöpfet ihn schnell!
Nur wenn er glühet, labet der Quell!

Friede sei mit Euch!

Das goldene Blatt der Weisheit
Seila Orienta/Franz Bardon

Zum ersten Mal in der okkulten Literatur wird die 4. Tarotkarte des Hermes Trismegistos verständlich beschrieben und offengelegt. Sie beinhaltet unbekannte Konzentrations- und Meditationsübungen. Des Weiteren gibt sie Hinweise und erklärt die Unterschiede zwischen Magie und Mystik und Gefahren des einseitigen Weges. Am Ende steht die Verbindung mit der universellen Gottheit, dem Herrn der Sonnensphäre, welcher quabbalistisch „Metatron" genannt wird.

*

5. Tarotkarte – Mysterien des Steins der Weisen
Seila Orienta/Franz Bardon

Dieses Buch stellt die Vorderseite der Alchemie dar, die die einzelnen praktischen Übungsschritte erklärt, ohne die verschlüsselten Mystifikationen der alten Alchemisten auch nur annähernd zu erwähnen, wie man es aus den anderen Büchern des Franz Bardon kennt. Es wird erklärt, dass ohne vollkommene Beherrschung der 4 Elemente keine Alchemie möglich ist. Des Weiteren wird mit den einzelnen Ebenen, mit den Matrizen, dem elektromagnetischen Fluid usw. gearbeitet. Doch den Hauptpunkt stellen die göttlichen Eigenschaften wie z. B. die Allmacht dar, mit denen der Göttliche Stein der Weisen durch gewisse Übungen geladen wird.

*

Talismanologie und Mantramkunde
Seila Orienta/Franz Bardon

Zum ersten Mal werden hier (magisch) geladene Mantrams – Gebetssätze – preisgegeben, welche bei nötiger Reife, Ausgeglichenheit und Reinheit durchdringende Erfolge versprechen. Mantrams sind ja nach Bardon nicht irgendwelche „Suggestionssätze", sondern sie sind Ideenausdrücke, mit denen man mit Mächten, Kräften, Eigenschaften, also Gottheiten, in Verbindung kommen kann. Gleichzeitig werden die dazugehörigen Siegelzeichen der göttlichen Ideen preisgegeben, welche im rituellen

Zusammenhang mit den Mantrams stehen. Ein Buch, das nicht nur die Hermetiker, sondern auch die Anhänger der Yogawissenschaften inspirieren wird!

*

Eine Sammlung der schönsten und lehrreichsten Beschwörungsgeschichten
Hohenstätten

Dieses Buch ist einzigartig, denn es zeigt den zweiten Band von Franz Bardon an Hand von interessanten Evokationsberichten, die genau das bestätigen, was Bardon in seinem Buch geschrieben hat, und noch darüber hinaus. Es werden sensationelle Erlebnisse geschildert, die man sonst niemals findet. Auch aus unveröffentlichten Schriften wird zitiert.

*

Verkörperungen des Meister Arion
Hohenstätten

Man wird beim Lesen dieses Buches nicht glauben, wie viele bekannte und unbekannte Inkarnationen Franz Bardon hatte. Die paar, die im „Frabato" bekannt gegeben wurden, stellen nur einen geringen Teil seiner Verkörperungen dar. Wir mussten, da es dermaßen wenig Literatur über die Verkörperungen gab, wieder Hunderte und Aberhunderte von Büchern, Aufsätzen, Zeitschriften und Artikeln durcharbeiten, bis wir genügend Material für dieses Buch hatten. Aber der Leser wird sich beim Lesen sicherlich über unsere Arbeit freuen, denn sie wird ihn in Erstaunen versetzen!

*

Shamballa, der goldene Tempel des Lichts
Hohenstätten

Dieser Tempel dürfte jeden Leser von Bardons Roman „Frabato" fasziniert haben. Dass es aber in der okkulten Literatur noch viel mehr Informationen darüber gibt, die man aber nur findet, wenn man alles Veröffentlichte gelesen hat, dürfte dem einen oder anderen unbekannt sein. Es wurden wieder ganze Stöße von Büchern durchgesehen und das Ergebnis wird hier veröffentlicht. Es wird aber gleichzeitig darauf hingewiesen, wie viel Schundliteratur es darüber gibt, wie viel Lügen im Umlauf sind, damit sich der Schüler der Hermetik ein klares Bild machen kann. Wir bringen in diesem Buch alles, was wir an Material darüber gefunden haben, und es wird auch noch einiges aus der eigenen Erfahrung, was das Wertvollste ist, mitgeteilt. Nicht nur über den Tempel wird berichtet, sondern auch über die damit verbundene „Bruderschaft des Lichts", deren Sitz er darstellt.

*

Auf der Suche nach Meister Arion
Hohenstätten

Diese Autobiographie eines Schülers der Hermetik des Franz Bardon schildert sein magisches Leben, in welchem zahlreiche Erfahrungen zu den Übungen aus dem Adepten geschildert werden, die die Hauptperson selbst erlebt hat. Es wird der schwere Weg des Adepten aus autobiographischer Sicht gezeigt, seine vielen Tiefschläge, aber auch seine glanzvollen Seiten und Zeiten. Der harte Kampf mit dem Seelenspiegel wird bis in alle Einzelheiten aufgezeigt, genauso wie die vielen anderen Wege, in welche der Autor reinschnupperte, um dadurch reichlich Erfahrung sammeln zu können. Darüber hinaus enthält es unzählige Erfahrungen und Berichte betreffs Mantramistik nach Bardon, die wahre Runenmagie, zahlreiche Evokationen sowie Invokationen mit seinem Lehrer Anion, einen magischen Exorzismus, wie er bisher noch nie öffentlich geschildert wurde. Mentalreisen, Beeinflussungen, Übungen zur Gottverbundenheit, Erscheinungen, Alchemie, Heilungen mit den verschiedensten magischen Methoden z. B. Quabbalah oder durch die Elemente, Schutzgeistevokationen und viele andere magische „Wunder" seines Freundes und Lehrers Anion. Auch einige magische Fotos in Farbe, ein bisher von Bardon unveröffentlichtes Akashafoto von Christus und ein Bild des schwebenden Meister Arion werden in diesem Buch preisgegeben. Der Inhalt ist viel reichlicher, als hier kurz beschrieben werden kann.

*

Magisches Gleichgewicht
Hohenstätten

Dieses Buch zeigt eindeutig, dass in allen anderen Systemen das „Gleichgewicht" genauso gebraucht wird, wie bei Bardons Werken. Er war nicht der Einzige, der das erwähnte, aber er war der erste, der es deutlich erklärte, denn die anderen Systeme sprachen nur durch das Symbol, welches nicht jedem Leser verständlich war. Obendrein bringen wir noch Unveröffentlichtes vom Meister Arion zu dieser Grundlage der magischen

Entwicklung.

*

Das Leben und die Erfahrungen eines wahren Hermetikers
Seila Orienta

Diese Autobiographie eines Magiers ist unübertroffen, denn bis jetzt hat kein einziger okkult Geschulter so offen und ehrlich gesprochen wie Seila Orienta. Er gibt in diesem Werk sein Leben bekannt, sowie seine zahlreichen und äußerst interessanten Erlebnisse und Erfahrungen. Es werden auch zum ersten Mal Fotos von Wesen der Sphären gezeigt, welche Franz Bardon höchstpersönlich in den 1920ern gemacht hat. Des Weiteren schreibt Seila Orienta über die Sphären, über Dämonen, Logenkontakte und vieles, vieles mehr, was einem ehrlich strebenden Hermetiker das Herz übergehen lassen wird.

*

Das Leben des Franz Bardon
Hohenstätten

Dieses Buch beschreibt das Leben des Meisters außerhalb des Frabatos, welches seine Sekretärin – Otti V. – geschrieben hat. Es beinhaltet Erklärungen zu seiner „Biografie", weitere Einzelheiten über den Kampf mit der FOGC, seine Beziehung zu Wilhelm Quintscher und anderen Okkultisten, was alles bisher unbekannt war! Des Weiteren werden viele Erlebnisse seiner Schüler in Prag erzählt, verschiedene magische Leistungen und interessante Geschichten Bardons beschrieben, die bis dato unveröffentlicht sind. Es werden auch seine drei Lehrwerke und deren Wirkung auf die Öffentlichkeit von einem anderen, unbekannten Standpunkt geschildert, welcher durch bisher schwer zugängliche Schriften unterstützt wird. Als Krönung wird seine aus dem Tschechischen übersetzte „Runenschrift" zum ersten Mal veröffentlicht. Auch einige Seiten aus anderen unveröffentlichten Schriften von ihm sowie interessante Fotos des Meister Bardon und seiner Freunde werden hier preisgegeben und vieles, vieles mehr.

*

In Verbindung mit der Gottheit
Hohenstätten

Über das Thema der Gottverbundenheit mit all seinen Formen und

Methoden wurde bis heute noch nie ein Buch verfasst, geschweige denn eine Schrift geschrieben. Man findet in der okkulten wie in der östlichen Literatur nur spärliche Hinweise, die größtenteils verschlüsselt sind oder so geschrieben wurden, dass man sie kaum versteht. Im Gegensatz dazu wird in diesem Buch offen dargelegt, dass das 1. kleine Arkanum der 78 Tarotkarten die Gottverbundenheit in ihrer Reinform darstellt.

*

Hermetische Heilmethoden
Hohenstätten

Dieses Buch stellt in der okkulten Literatur ein absolutes Unikum dar, denn über die Gesamtheit der okkulten Heilmethoden wurde bis jetzt noch NIE etwas Sinnvolles geschrieben. Es werden alle Heilmethoden erwähnt, die der hermetische Schüler mit Hilfe seiner bisher erlangten Konzentrationsfähigkeit ausüben und verwenden kann.

*

Erste hermetische Zeitschrift

„Der hermetische Bund teilt mit" ist eine der wenigen magisch-mystischen Zeitschriften, welche sich soweit als möglich auf die universelle Lehre von Franz Bardon bezieht. Sie versucht sich an die Gesetze des 4-poligen Magneten zu halten und vermittelt Wissen sowie Hinweise für die Praxis, damit der Leser die Möglichkeit hat, sie in seinen hermetischen Weg aufzunehmen und für sich gewinnbringend zu verarbeiten.

Noch viel mehr hermetische Literatur finden Sie auf unserer Website: http://www.hermetischer-bund.com.

Viel Vergnügen beim Stöbern!

Der Verlag